记
/M/A/R/K/
号

真知 卓思 洞见

张云 著 喵九 绘

讲了很久很久的中国妖怪故事

北京科学技术出版社

图书在版编目（CIP）数据

讲了很久很久的中国妖怪故事 / 张云著 ; 喵九绘
. -- 北京 : 北京科学技术出版社 , 2022.3（2025.4 重印）
ISBN 978-7-5714-1801-4

Ⅰ. ①讲… Ⅱ. ①张… ②喵… Ⅲ. ①民间故事—作品集—中国—当代 Ⅳ. ① I277.3

中国版本图书馆 CIP 数据核字 (2021) 第 187227 号

选题策划：记　号
策划编辑：马春华
责任编辑：闻　静
责任校对：贾　荣
封面设计：何　睦
图文制作：刘永坤
责任印制：吕　越
出 版 人：曾庆宇
出版发行：北京科学技术出版社
社　　址：北京西直门南大街 16 号
邮政编码：100035
电　　话：0086-10-66135495（总编室） 0086-10-66113227（发行部）
网　　址：www.bkydw.cn
印　　刷：北京华联印刷有限公司
开　　本：710 mm × 1000 mm 1/16
字　　数：175 千字
印　　张：17.5
版　　次：2022 年 3 月第 1 版
印　　次：2025 年 4 月第 9 次印刷
ISBN 978-7-5714-1801-4

定　　价：108.00 元

前言

妖怪和妖怪文化在中国源远流长，是中华民族优秀传统文化的重要组成部分。全世界很难找到一个国家像中国这样，将关于妖怪的记载、想象形成一种深厚的文化现象，其延续时间之长、延伸范围之广、文学作品之多，举世罕见。

妖怪和妖怪文化是中华文明的璀璨奇葩，值得我们一代代传承下去。

那么，什么是妖怪呢？

我们的老祖先将妖怪定义为“反物为妖”“非常则怪”。简单地说，生活中一些怪异、反常的事物和现象由于超越了当时人类的理解，无法解释清楚，就称之为妖怪。

所以，所谓的妖怪指的是：根植于现实生活中，超出人们正常认知的奇异、怪诞的事物。

妖怪，包含妖、精、鬼、怪四大类。

妖：人之假造为妖，此类的共同特点是人所化成或者是动物以人形呈现的，比如狐妖、落头民，等等。

精：物之性灵为精，山石、植物、动物（不以人的形象出现的）、器物等所化，如山蜘蛛、罔象，等等。

鬼：魂魄不散为鬼，以幽灵、魂魄、亡象出现，比如画皮、银伥，等等。

怪：物之异常为怪，对于人来说不熟悉、不了解的事物，平常生活中几乎没见过的事物；或者见过同类的事物，但跟同类的事物有很大差别的，如天狗、巴蛇，等等。

中国的妖怪、妖怪文化历史悠久。有足够的考古证据表明：早在石器时代，我们的老祖宗就开始对妖怪有了认知和创造。可以说，中国妖怪的历史和中国人的历史是一以贯之的，“万年妖怪”之说一点儿都不为过。

从先秦时代，中国人就开始将妖怪和妖怪故事记录在各种典籍里，此后历代产生了《白泽图》《山海经》《搜神记》《夷坚志》《子不语》《聊斋志异》等无数的经典作品，使得很多妖怪家喻户晓。

中国的妖怪和妖怪文化不仅深深影响了中国人，也传播到周边国家，深受异国友人的喜爱。比如，日本著名的妖怪研究学者水木茂称：“如果要考证日本妖怪的起源，我相信至少有 70% 的原型来自中国。除此之外的 20% 来自印度，剩下 10% 才是本土的妖怪。”由此可见，中国的妖怪和妖怪文化对日本的巨大影响。

由于种种原因，中国的妖怪和妖怪文化还没有得到足够的关注，很多人甚至将我们老祖宗创造的中国妖怪误认为是日本妖怪，这是十分令人惋惜的。

笔者用十年时间，写成《中国妖怪故事（全集）》一书，在深入研究中国传统古籍尤其是志怪的分类和定义的基础上，厘清“妖怪”的内涵，从浩渺的历代典籍中搜集、整理各种妖怪故事，重新加工，翻译成白话文，同时参考各种民间传说、地方志等，并结合自己的研究，确保故事来源的可靠性与描写的生动性。该书记录 1080 种中国妖怪，是目前为止国内收录妖怪最多、最全，篇幅最长、条例最清楚的妖怪研究专著。

《中国妖怪故事（全集）》出版以来，反响强烈，深受读者喜爱，这让笔者感到既欣喜又惶恐。

将中国妖怪、妖怪文化发扬光大需要所有人的努力，中国的妖怪故事不仅妖怪的形象充满想象力、故事情节生动，而且其中蕴含着许多为人处世的道理，值得珍惜和深入挖掘。

长久以来，中国妖怪的故事虽然丰富，但妖怪的图像留存较少，甚为可惜。出于这样的想法，笔者精心选取 100 个妖怪故事，将其分为植物、动物、器物和怪物四类，加以润色加工，并严格按照典籍记载，为妖怪画像，以期能为中国妖怪的爱好者们打开一扇中国妖怪故事的缤纷之窗，为中国妖怪和中国妖怪文化的普及和发展贡献出绵薄之力。

这项工作，我们也将会继续推进下去。

中国妖怪文化博大精深，源远流长。我们的老祖宗创造了它们，它们的故乡在中国，它们的故事我们祖祖辈辈都在讲述，都在流传。

那么，请打开这本书，让我们一起开启精彩的认识妖怪之旅吧。

张　云

2021 年 9 月 1 日于北京搜神馆

目录

动物篇

【第〇〇一号】东仓使者 ____ 004
【第〇〇二号】高山君 ____ 008
【第〇〇三号】黑鱼 ____ 010
【第〇〇四号】鹿妖 ____ 014
【第〇〇五号】黄鳞女 ____ 017
【第〇〇六号】老鸹 ____ 020
【第〇〇七号】蝼蛄 ____ 022
【第〇〇八号】螺女 ____ 024
【第〇〇九号】驴妖 ____ 026
【第〇一〇号】鼠少年 ____ 030
【第〇一一号】八哥 ____ 033
【第〇一二号】獭 ____ 036
【第〇一三号】瓦陇子 ____ 038
【第〇一四号】檐生 ____ 040
【第〇一五号】蚁王 ____ 042
【第〇一六号】褪壳龟 ____ 045
【第〇一七号】老蹒 ____ 048
【第〇一八号】量人蛇 ____ 050
【第〇一九号】牛龙 ____ 054
【第〇二〇号】蛇王 ____ 056
【第〇二一号】牛鬼 ____ 060
【第〇二二号】魇精 ____ 064
【第〇二三号】山蜘蛛 ____ 066

植物篇

【第〇二四号】柳树精 ____ 072
【第〇二五号】青桐 ____ 076
【第〇二六号】参翁 ____ 078
【第〇二七号】杉魅 ____ 081
【第〇二八号】枣精 ____ 084
【第〇二九号】蕉女 ____ 087
【第〇三〇号】孝鬼草 ____ 090
【第〇三一号】枫鬼 ____ 092
【第〇三二号】谷精 ____ 094
【第〇三三号】桂男 ____ 098
【第〇三四号】楠木大王 ____ 100
【第〇三五号】樱桃鬼 ____ 103
【第〇三六号】怒特 ____ 106
【第〇三七号】童子寺蒲桃 ____ 109
【第〇三八号】蓬蔓 ____ 112
【第〇三九号】水木之精 ____ 114
【第〇四〇号】松精 ____ 116
【第〇四一号】朽木 ____ 118
【第〇四二号】皂荚树 ____ 120

器物篇

【第〇四三号】柏枕 124
【第〇四四号】车辐 127
【第〇四五号】匾怪 130
【第〇四六号】磁怪 132
【第〇四七号】浮桥船 134
【第〇四八号】棺板 137
【第〇四九号】行釜 140
【第〇五〇号】酒榼 143
【第〇五一号】乐桥铜铃 146
【第〇五二号】画马 148
【第〇五三号】泥孩 151
【第〇五四号】漆桶 154
【第〇五五号】钱蛇 156
【第〇五六号】勺童 158
【第〇五七号】书神 160
【第〇五八号】提灯小童 162
【第〇五九号】铁鼎子 164
【第〇六〇号】烟龙 166
【第〇六一号】夜行灯 168
【第〇六二号】玉孩 170
【第〇六三号】枕精 172
【第〇六四号】钟精 174
【第〇六五号】自行板凳 178
【第〇六六号】鼓女 180
【第〇六七号】雁翎刀鬼 182

怪物篇

【第〇六八号】鲛人 188
【第〇六九号】毛人 192
【第〇七〇号】耳翅兄 194
【第〇七一号】人狼 197
【第〇七二号】人鱼 200
【第〇七三号】影 202
【第〇七四号】酒虫 204
【第〇七五号】山都 206
【第〇七六号】貘 208
【第〇七七号】巴蛇 210
【第〇七八号】落头民 214
【第〇七九号】人面疮 216
【第〇八〇号】城隍主 218
【第〇八一号】短狐 222
【第〇八二号】海和尚 224
【第〇八三号】海鳅 226
【第〇八四号】海人 230
【第〇八五号】黑眚 232

【第〇八六号】红柳娃 ______ 234
【第〇八七号】饥虫 ________ 236
【第〇八八号】叫蛇 ________ 238
【第〇八九 / 〇九〇号】金牛 / 银牛 _ 240
【第〇九一号】镜目 ________ 242
【第〇九二号】木龙 ________ 244
【第〇九三号】潜牛 ________ 246
【第〇九四号】人同 ________ 248
【第〇九五号】褦襶 ________ 250
【第〇九六号】牛癀 ________ 253
【第〇九七号】山魈 ________ 256
【第〇九八号】小人 ________ 261
【第〇九九号】消面虫 ______ 264
【第一〇〇号】鱼火 ________ 267

参考文献 ______________ 269

动物篇

名

东仓使者

出处

清代乐钧《耳食录》卷九《东仓使者》

第〇〇一号

清代，江西金溪县苏坊村有个姓周的老太太，已经五十多岁了，丈夫死了，又没有子女，一个人住在破屋里面，以乞讨为生。

有一天，周老太想到自己的生活过得这么凄惨，很伤心，坐在屋子里哭。这时，忽然有个声音对她说："哎呀，你太可怜了，让我来帮助你吧。"周老太转过脸，却没看见有人，很是惊慌。那声音又说："你不要害怕，床头有两百文铜钱，你可以拿着到集市上去买米做饭，再也不用靠着向别人乞讨过活啦。"周老太将信将疑，就去床头找，果然发现那里放着钱。

周老太就问对方是何方神圣，那声音说："我叫东仓使者。"周老太知道东仓使者的确是在帮助自己，也就不害怕了。从此之后，或者是钱，或者是米，或者是食物，每天都会出现在周老太家里。虽然这些东西并不多，只够维持周老太一两天的吃喝用度，但只要没有了就会自动出现，周老太再也不用出门乞讨了。

有时候，东仓使者也会送来衣服。这些衣服尽管是粗衣粗布，可穿起来很暖和。周老太感激东仓使者，认为他一定是神仙，就对他说："神仙您这么帮助我，我很感激。一直以来，我都没有看到过您的模样，所以我想见见您，祭拜您。"东仓使者说："老太太，我不是什么神仙，既然你想见我，那我们就在梦里相见吧。"

这天晚上，周老太果然梦到了东仓使者，原来是一个须发皆白的老头。

这样过了很长时间，周老太听说左邻右舍家里经常莫名其妙丢东西，就隐约知道是东仓使者的所作所为——偷了邻居的东西来帮助自己。

有时候，东仓使者也会预先告诉周老太乡里会发生的好事或者坏事，并且嘱咐她不要说出去。周老太一开始还不相信，后来发现东仓使者预测的这些事竟然都变为了现实。就这样，一晃多年过去了。

之前，有个邻居发现周老太有吃有喝，也不出去要饭了，就觉得奇怪，便到她家里暗中观察。邻居在周老太家里发现了自己先前丢的东西，很是生气，要把周老太当小偷抓起来。这时候，忽然听见有个声音说：“偷东西的是我，你家里富足，不愁吃穿，为什么不能分一点儿给穷苦的人呢！你再这样纠缠，别怪我不客气！”说完，空中有无数的瓦砾、石块飞过来，那个邻居吓得落荒而逃。

这事情传开了，所有人都认为周老太家里闹了妖怪，很多人还前去看热闹。来人如果对它客客气气，它也说话不倦，娓娓动听；如果对它出言不逊，那就会被它毫不留情地用瓦片砸得头破血流。它却对周老太言听计从，周老太不让它砸人，它就立即收手。

有一天，一个书生喝醉了，借着酒劲来到周老太家，破口大骂：“是什么妖怪在这里干坏事，你敢出来和我较量一番吗？”如是再三，东仓使者也不露面，那书生就大摇大摆地离开了。

周老太不免奇怪，问东仓使者：“您为什么单单怕他呢？”东仓使者说：“他是书生，读的是圣贤书，在学校里受过教育，理应回避他。何况他又喝醉了，我不和他一般见识。”

那个书生听说了，更得意起来。没过几天，又过来找事，这次却被东仓使者用瓦片砸得抱头鼠窜。

周老太就问为什么又出手了，东仓使者说：“无缘无故骂人，一次也就算了，他本来就理亏，我暂且饶了他；再来，不仅不收敛，还变本加厉逞威风，那就是他无理，我自然砸他！”

乡里人都觉得有个妖怪在这里，不是什么好事情，就在一起商量，想请龙虎山最善于降妖除魔的张真人帮忙。不过前往龙虎山的路并不好走，一时半会儿没法请到。

周老太并不知道这件事。有一天，她突然听东仓使者哭着说：“老太太，大事不妙，龙虎山张真人调兵遣将要除掉我，我以后再也没办法帮助你了。”周老太急忙说：“您怎么不逃走呢？”东仓使者说：“张真人已经布下天罗地网，我插翅难飞。”说完，东仓使者痛哭流涕，周老太也急哭了。

第二天，邻居果然拿着龙虎山张真人给的符咒闯了进来，他是托亲戚暗中向道长求来的，东仓使者事先不知道也就没能加以阻止。邻居径直走进卧室，把符咒贴在墙上。

周老太很生气，上前就要撕掉那符咒，忽然听见轰隆一声响，只见一只大老鼠被劈死在床头。它住的洞穴，洞口比窗户还大，因为它平时就坐在洞口，所以没有被人看见。

周老太这才知道，东仓使者原来是个老鼠精。

没有了东仓使者的帮助，周老太又成了乞丐。

名

高山君

出处

晋代干宝《搜神记》卷十八《高山君》

第〇〇二号

汉代，山东有个人叫梁文，喜好道家方术。所谓“道家方术”，指的是能够让人长生不老的法术。为了能够早日修成正果，梁文在家里建了一个神祠。

神祠有三四间屋子，占地广大，里面供奉着神仙宝座，并用长长的黑色帷帐盖住。平时，梁文经常向神座供奉、叩拜，十分虔诚。他相信总有一天，神仙会降临在宝座之上，传授自己长生不老的仙法。那个宝座梁文十分看重，上面的帷帐十几年都没有动过。

有一天，和往常一样，梁文正在举行一场祭祀，突然帷帐里面传出说话声，自称“高山君”。梁文喜出望外，把他当作神仙看待，恭恭敬敬地侍奉。这位高山君不仅能吃能喝，而且法术高超。凡是有人生病了，前来找他，他都能够药到病除。

这样过了几年，有一次，高山君喝醉了，梁文就大胆乞求他：“神仙，能不能让我走到帷帐里，一睹您的真容呢？”

高山君说：“我长什么样子，你不能看。不过，你可以把手伸过来摸一摸。”

梁文把手伸进帷帐里，摸到了高山君的下巴，觉得他的胡须长得很长。梁文慢慢把他的胡须绕在手上，用力扯了一下，突然听到里面传来“咩咩”的羊叫声。神仙怎么会发出羊的叫声呢？梁文和周围的人都觉得很奇怪。于是，大家掀开帷帐，把高山君从里面拽了出来。

结果，大家发现这位高山君根本就不是神仙，而是袁术家里的一头老羊。这头老羊丢失七八年了，一直没有找到。梁文杀了这头羊，从此之后，就再也没有奇怪的事情发生了。

名

黑鱼

出处

清代和邦额《夜谭随录》卷三《靳总兵》

清代袁枚《子不语》卷三《鄱阳湖黑鱼精》

第〇〇三号

清代，陕西有个地方叫鱼河堡（今陕西省榆林市南鱼河镇），周围都是沙漠戈壁。住在堡里的人，需要去三四十里外的无定河里取水，不仅路很远，而且也很麻烦。所以，不少人经常去附近沙漠洼地里面的水潭里挑水。

其中有个水潭又深又大，从来没有干涸过，一个妖怪喜欢上这里，就霸占了下来。这妖怪经常偷吃村里的牲畜，有时候还吃小孩子。大家都很害怕它，不得不通宵达旦挨家挨户巡逻戒严。

有的人看到过那个妖怪：高达三米，长发垂肩，皮肤黝黑，一袭黑衣，凶猛可怖。

村里人被这个妖怪祸害得很惨，但是谁也没有办法制服它。就在大家灰心丧气的时候，有个八十岁左右的老道士带着徒弟从湖南远道而来，路过村子，说是有降妖除魔的本领。

大家很高兴，凑了一笔钱，请他们帮助除掉妖怪。老道士以年老为借口拒绝了，但是徒弟却要去。老道士对徒弟说："你的法术还没学到家，只怕劳而无功。"徒弟却说："当年在四川，我可是钻进水里杀过妖怪的。"老道士摇摇头，说："今非昔比，四川的水清澈见底，这里的水很混浊，根本看不清下面的情况，你跳下去很危险。"

徒弟却不肯听师父的话，来到水潭旁边，做了法事之后，脱掉衣服，手持宝剑，钻入水中。很快，水潭里波涛汹涌，村民以为道士捉住了妖怪，一齐呐喊助威。不到一顿饭的工夫，却见水面血红一片，先是漂上来一只手臂，然后是一个人的脑袋。众人上前查看，发现老道士的徒弟已经被妖怪吃掉了。村民很害怕，吓得四散而逃。

正在这时，有个叫靳桂的军官率领部队经过，见大家惊慌失措的样子，就问到底出了什么事。村民将事情的来龙去脉告诉了靳桂。靳桂立刻派遣三百多名士兵挖开沟渠，将潭中的水抽干，抓住了一条六米多长、嘴巴巨大、全身没有鳞片的大黑鱼，被抓时它还在泥里摇动着尾巴。大家把这条黑鱼杀了煮着吃，味道很难吃，从此之后当地再也没有闹过妖怪。

关于黑鱼这种妖怪，还有一个故事。

也是在清代，江西的鄱阳湖里有一条黑鱼精作祟。有个外乡人许某坐船经过时，忽然刮来一阵黑风，湖面出现了几米高的大浪，上面露出一张巨大的鱼嘴，朝天喷水，把船打翻。船上的人全死了，包括许某。

听到父亲被害的消息，许某的儿子很难过，发誓要杀了这条黑鱼精，为父亲报仇。许某的儿子做了几年生意，攒下了许多钱财，就去龙虎山请降妖除魔的天师。可天师年岁已高，就对许某的儿子说：“想要斩妖除怪，全靠纯真之气。我年老多病，对付不了这个黑鱼精。不过，你是个孝顺的人，我即便是死了，也会让我的儿子去制服它。”

不久，老天师死了，他的儿子接替他的职位，成为新的天师。许某的儿子听说了，一年后又去拜求。小天师说：“我父亲去世前，的确交代过这件事。那个黑鱼精占据鄱阳湖已有五百年，神通广大，我虽然会符咒法术，但必须找有根基的仙官来帮忙，才能成功。”说罢，小天师从箱子里拿出一面小铜镜，交给许某的儿子，说道：“你拿着这个镜子去照人，如果发现有三个影子的人，就赶紧来告诉我。”

许某的儿子听了小天师的话，拿着这面铜镜，走遍江西，所照之人都只有一个影子。找了几个月，他忽然发现有个叫杨锡绂的孩子有三个影子，赶紧回来告诉小天师。

小天师派人去村子，给了杨锡绂的父母一大笔钱，假称慕杨锡绂的神童之名而来，请他到学校里看看他的学问如何。杨家贫寒，很高兴地让人把孩子领走了。

这一天，众人来到鄱阳湖，在湖边建立了法坛，念诵咒语。小天师给杨锡绂穿上法袍，背了剑，出其不意，把他连人带剑丢进了湖里。众人目瞪口呆，尤其是杨锡绂的父母，号啕大哭，向小天师索命。小天师笑道：“没事。”过了一会儿，只听得湖中霹雳一声响，杨锡绂手提着大黑鱼的脑袋，站在浪头之上。小天师派人划船将杨锡绂接回来，发现那湖水方圆十里一片血红，孩子周身衣服却不沾一滴水。

等到杨锡绂回来，大家都争相问他到底发生了什么事。杨锡绂说：“我掉进水里，就好像睡着了一样，并没什么痛苦。片刻后，看见一个穿着金甲的将军把鱼头放在我的手里，抱我站在水上，其他的我就不知道了。”

从此之后，鄱阳湖再也没有黑鱼精为非作歹了。而杀死黑鱼精的杨锡绂，后来做了大官，成为专门管理河道的漕运总督。

名

鹿妖

出处

晋代葛洪《抱朴子内篇·登涉卷十七》

晋代陶潜《搜神后记》卷九《鹿女脯》

唐代柳祥《潇湘录·嵩山老僧》

第〇〇四号

很久以前，张盖蹹、偶高成两个道士，在四川云台山的石洞中修行。一天，忽然有个穿着黄色长衫、戴着葛布头巾的人来到两人跟前，说："劳烦两位道长，在这里辛苦地隐居修炼。"

张盖蹹和偶高成觉得对方模样很奇怪，应该不是人。但是怎么才能知道对方的底细呢？他们突然想起，年代古老的青铜镜子能够照出妖怪的原形。

原来，世间年月久远的东西，有的能变化成人形，经常迷惑、试炼人，但是不管妖怪如何狡猾，一般来说，都会在镜子里现出原形。所以，进入山林修行的道士都会将直径九寸的铜镜背在身后，那样妖怪就不敢靠近。将铜镜放在修行之地，如果是仙人或者是友好的山神前来，镜子里面会显现出人形，而鸟兽变的妖怪在镜子里就会原形毕露了。有时，修行高深的老妖怪前来，总是会交谈一番再离开，等它转身的时候，就可以用镜子照一下，若是镜子里没有脚后跟，那一定是妖怪。

张盖蹹和偶高成一边稳住对方，一边偷偷地拿来镜子照了一下，发现镜子里果然不是人，而是一只鹿。"你这家伙不过是山中的老鹿，竟然敢口出人言来我们这里！"两个道士大声呵斥，话音未落，那人就变成一只鹿，跑掉了。

关于鹿妖，还有一个故事。在晋代，一个下雨天，淮南人陈某在田地里干活，忽然看见两个穿着紫色上衣、青色裙子的少女出现在自己面前，容貌艳丽，有说有笑。陈某觉得很奇怪：明明在下雨，这两个女子的衣服却完全没有湿，莫非对方是妖怪。家里的墙上正好挂着一面古铜镜，陈某转过头从镜中看去，发现是两只鹿站在眼前。陈某举起刀砍过去，两个少女立刻化身为鹿想要逃跑，但未能成功。后来陈某把鹿肉做成肉脯吃了，味道很好。

唐代也有一个鹿妖的故事。河南嵩山有个老和尚，搭了个茅舍在山里修行。一天，有个小孩前来，请求老和尚收下自己当徒弟。老和尚闭目念经，不搭理他，那小孩就从早到晚哀求，也不离开。老和尚觉得奇怪，就问："这里荒山野岭，人迹罕至，你一个小孩子从哪里来？又为何求我收你为徒？"小孩说："我家就在山脚下，父母都死了，只剩下我一个人，孤苦伶仃的。我想跟着您修行，远离世俗，还请师父您收下我。"老和尚回答道："有心修行是好。不过出家当和尚要耐得住寂寞，与普通人在家不同，你能从今往后一心一意修行吗？"小孩说："我决意如此，天地为鉴。"老和尚见他很机敏，觉得与他有缘，就答应了他的请求。

小孩成了老和尚的弟子后，修行很努力，和别的僧人辩论佛法时往往胜人一筹，老和尚认为他是个人才。几年后的一个秋天，万木凋零，凉风吹过溪谷，让人备感凄清。小和尚看着山川草木，有些悲伤，自言自语地说："我本来生长在深山里，为什么要做和尚呢？与其在这里劳费心神，不如寻找往日的伙伴去吧！"说完，他对着空谷放声大喊，声音悠长清越。过了一会儿，来了一群鹿，小孩脱掉僧衣，变成一只鹿，跳跃着和鹿群一起消失在莽莽群山之中。

名

黄鳞女

出处

唐代张读《宣室志》卷四《柳宗元》

唐代，有个大文学家叫柳宗元，曾经被贬职到永州（今湖南省永州市）担任司马，途中经过荆门（今湖北省荆门市）时，住在一个驿站里。

这天晚上，他梦见一个身穿黄衣的妇人向他跪拜，哭着对他说："我家住在江里，眼下马上就要大祸临头、死路一条了。除了您，谁也救不了我。还请您帮帮我。如果能够活下来，我不仅对您感恩戴德，而且能够使您加官晋爵、延年益寿。即便您想做将军或是做丞相，也不是什么难事。"

梦里，柳宗元答应了这个妇人的请求。醒来之后，他觉得事情很奇怪。等到他再睡着时，又梦见了那个妇人，一再请求他救命。

柳宗元折腾了一夜，第二天早晨，荆门这个地方的主帅派人来请他去参加宴会。柳宗元吩咐手下准备车马，看看时间还早，就小睡了一会儿，结果又梦见那个妇人。妇人皱着眉头，忧心忡忡地对柳宗元说："现在时间紧急，我随时都有生命危险，如同风中败絮，随风飘逝。还请您能赶快想个办法。"话音刚落，又再三鞠躬。

柳宗元惊醒之后，觉得事情十分奇怪，心想：为什么这个穿着黄衣服的女子，屡次三番出现在自己的梦里，向自己求救呢？难道是和去参加荆门主帅的宴会有关系？无论如何，我倒是有心想要救她。

柳宗元百思不得其解，就赶紧坐着车子赴宴，把梦里的事情告诉了荆门主帅。主帅同样也不清楚到底怎么回事，就把准备宴会的手下人叫过来询问。

这位手下说：“前天，有个渔夫用网捕捉到一条巨大的黄鳞鱼，主人因为要请柳司马来参加宴会，我们正准备用它来做菜，现在已经砍下了它的头。”

柳宗元大吃一惊，说：“出现在我梦里，求我救命的那个穿着黄衣服的妇人，就是这条大黄鳞鱼呀！”于是，让人把大黄鳞鱼放归江中，可惜鱼已经死了。

这天晚上，柳宗元又梦见那个妇人。不过，在梦里，她已经没有了头。

名

老鹞

出处

宋代洪迈《夷坚志·夷坚甲志》卷第八《金四执鬼》

第〇〇六号

鹞，是一种凶猛的鸟，样子像鹰，个头比鹰小，以捕捉小鸟为食。古代人认为，活了很久的鹞有的会成为妖怪。

宋代，在福州城（今福建省福州市）的城南，有片面积约十亩的莲花池，池子里种植着莲藕。等莲藕成熟了，一个叫金四的平民就把莲藕挖出来，背到集市上卖。

金四家住在一个叫南台的小村庄，距离莲花池有七里地。为了防止有人偷藕，他经常晚上去池边巡逻。

一天深夜，金四巡逻时看到一个人走在莲花池的小路上，就上前询问。那人说："哎呀，我有很重要的事情要去做，所以才夜里赶路。"当时已经二更天了，金四一向胆大过人，仔细观察，觉得对方举止不太像人，走的路又不常有人走，就问他去哪里，他说去南边。金四说："巧了，我家就住在南边，正好顺路。不如这样，你先背我走二里路，然后我背你走二里，就这么相互背着，如何？"那人想了想，答应了。

于是他们两个你背我，我背你，不知不觉来到了金四的村子。等到家门口的时候，金四抱住那人不放，大声喊家里人过来帮忙。家里人提着灯笼跑出来，发现那东西的确不是人，而是一只老鹞变化的。

金四绑住了这只老鹞，烧死了它。

名

蝼蛄

出处

南北朝刘义庆《幽明录》卷三《蝼蛄》《卢钩》

第〇〇七号

蝼蛄是一种生活在泥土中的昆虫，昼伏夜出，前足很大，像两把小铲子，非常善于掘土。古人认为，蝼蛄有灵性，有时会化身妖怪帮助人。

晋代，庐陵郡（郡治在今江西省吉安市）太守庞企的祖父因为犯罪被关进了大牢。他觉得自己死路一条，心里很绝望。有一天，他看见有一队蝼蛄在身旁爬行，就说："听说你们有灵性，如果是真的，请你们行行好，想办法让我活命吧。"说完，他便用饭去投喂这些蝼蛄。它们吃完就离开了，过了一会儿又回转来，身体明显比之前大了许多。庞企的祖父觉得奇怪，就不断地给这些蝼蛄喂饭，过了几天，每个蝼蛄都变得比小猪还要大。

不久之后，行刑的日子到来了。在庞企的祖父被杀之前，蝼蛄在牢房墙脚上挖了一个大洞，帮助他逃跑了。

关于蝼蛄，还有一个故事。

也是在晋代，零陵（今湖南省永州市零陵县）有个人叫施子然，一天有一个穿着黄色衣服、头戴便帽的人前来拜会他。施子然问对方的姓名，这个人说："我姓卢，名钩，家在檀溪水边。"

施子然和卢钩聊得很投机，交往了很久，关系很不错。有一天，村里有个人在檀溪边的大坑里看到无数只蝼蛄，其中有几只特别壮硕，一只尤其巨大。于是他就把这件事告诉了施子然。施子然这才恍然大悟："近日造访我的那个客人说他叫卢钩，卢钩的发音，就像是蝼蛄呀。家住檀溪，就是西边的坑。原来他是个妖怪！"施子然让人用开水灌进了坑里，杀死了那些蝼蛄。自那之后，就再也没有怪事发生了。

名

螺女

出处

唐代薛用弱《集异记·补编·邓元佐》

第〇〇八号

唐代，颍川郡（郡治在今河南省禹州市）有个叫邓元佐的人，非常喜欢游山玩水，凡是听说有风景优美的地方，他总是想方设法去游览一番。

有一年，邓元佐到吴地（今江浙一带）游学，快要到达姑苏（今江苏省苏州市）时，不小心迷了路，一连走了十几里地，也没碰上人家。

当时天已经黑了，道路险峻崎岖，路边蒿草丛生。邓元佐怕有危险，正着急呢，忽然看见前方有灯光，好像是有人家的样子，就走了过去，想要投宿。

走到跟前，他看见一座很小的房舍，里面只有一个女子，二十多岁的年纪。邓元佐就向女子说："我今天晚上不小心迷了路。现在天色已晚，再往前走，我担心碰上凶猛的野兽，不知可否容许我在你家住一晚，万分感激。"听了他的话，女子有些为难，说："我的父母不在家，孤男寡女住在一起，不太方便。何况我家很穷，床铺也十分简陋。"邓元佐苦苦哀求了半天，女子才勉强答应。

女子将邓元佐领到一个泥土堆成的土床跟前，又在上面铺了一层软草，接着端来食物招待他。饭菜很香，邓元佐饿得厉害，狼吞虎咽地吃完后，他美美睡了一觉。天亮醒来，他发现自己竟然躺在泥田里，昨晚见到的那个房子也不见了，身边只有一只巨大的田螺，直径半米。

邓元佐这才知道昨晚那个女子就是这只田螺变成的。一想到晚上女子端给他吃的东西，邓元佐就恶心得弯腰呕吐起来。而他吐出的，全是青色的泥。

不过，邓元佐并没有伤害那个田螺，向它道谢之后，赶紧离开了。后来，他专心学习，再也不出去游历了。

名

驴妖

出处

唐代张读《宣室志》卷二《王薰》

清代俞樾《右台仙馆笔记》卷五

在古代驴子是一种常见的家畜，不仅可以用来骑乘，还可以用来帮忙干活。活了很久的驴子，往往会兴妖作怪。

唐代天宝年间，有个叫王薰的人居住在长安延寿里。一天晚上，王薰和几个好朋友在家里吃饭，酒酣耳热之际，忽然有一条巨大的手臂从烛火的阴影中伸出来。大家都很害怕，凑上前瞧：手臂颜色乌黑，还长了很多毛。大家正觉得奇怪呢，就听见一个声音说："你们聚会，也不叫上我，请给我一些肉吧。"

王薰就给了对方一些肉，那手臂就消失了。过了一会儿，手臂又伸出来要肉，说："感谢您给我肉，吃完了，希望再给我一些。"王薰就又在它掌中放了肉，于是手臂又消失不见了。王薰和朋友商量，都觉得是妖怪，他们谋划道："要是它再出现，我们就砍断它。"又一会儿，手臂果然再次伸了出来，王薰拔出宝剑，砍了下去。手臂被砍下，血流满地，之前那个声音也消失了。王薰仔细看了看，发现竟然是一条驴腿。

天亮之后，大家沿着血迹追踪，来到一户人家。这户人家称，家里养了一头驴，已经二十年了，昨天晚上无缘无故少了一条腿，好像是被利器砍断的，正觉得奇怪呢。王薰将昨晚的事情原原本本地告诉了对方，那户人家就将那头驴杀掉了。

清代时，浙江慈溪县城的北门附近有户姓冯的人家，相传家里出现过驴妖。冯家有个小儿子得了一种怪病，常常昏厥。据小儿子说，有个长长耳朵、浑身是毛的人来到床头，拿出泥团强行塞入自己的嘴里，他才会昏过去。大家这才知道是闹了驴妖。过了一阵子，小儿子慢慢身体就好了，也没有留下后遗症。后来，爆发了战争，冯家的宅子在战火中被烧毁，但是驴妖的老巢还在，它时不时地还会出来捉弄人。

名

鼠少年

出处

唐代柳祥《潇湘录·逆旅道士》
五代徐铉《稽神录》卷二《建康人》

在唐代，有段时间，京城长安附近的山道上有很多盗贼，昼伏夜出，过往的行人和商旅常常被抢劫、杀害。天明后，官府派人去围捕，搜遍了周围，也发现不了这帮人的影踪。这件事闹得人心惶惶。人们清晨不敢上路，天一黑就赶忙找旅馆住下。

后来，有个道士途经附近的旅馆，听说了这件事，就跟大家说："这肯定不是人，应该是妖怪干的。"深夜，道士拿着一枚古镜，躲在道路旁边。过了一会儿，果然看到一队少年前呼后拥地走过来，穿着盔甲，拿着武器，耀武扬威。他们发现了道士，大声斥责说："路旁藏着的是什么人？不要命了！"道士掏出古镜去照，那些少年顿时丢盔弃甲，狼狈逃去。

道士一边念咒，一边追赶，追了五六里路，看到这些少年全部钻进一个大洞里去了。他守到天亮，又从住的旅馆里找来很多人挖这个洞。等挖到深处，里头有一百多只大老鼠跑了出来。大家杀了这些老鼠，长安附近的山道就再也没有发生过盗贼杀人抢劫的事情了。

宋代，建康（今江苏省南京市）有个人吃完鱼，把鱼头丢在地上。过了一会儿，他看到一匹小马从墙壁下的洞里跑了出来，马上还坐着一个小人，只有二三十厘米高，穿着盔甲，用手里的长矛刺住鱼头，拖入洞里。来来回回，拖了四次。这人觉得奇怪，就挖开那个洞，看见好几只大老鼠在啃鱼头，那把长矛则是一根破旧的筷子，至于马和盔甲则没有找到。过了不久，这个人就死了。

名

八哥

出处

清代蒲松龄《聊斋志异》卷三《雊鹆》

八哥是一种通体乌黑的鸟，不但叫声婉转，而且特别聪明，因此很多人喜欢驯养。

清代时，有个山东人养了一只八哥。这只八哥不仅十分灵巧，而且还学会了说话。这人很喜欢这只八哥，和它形影不离，去哪里都带着它，就这样过了好几年。

有一次，这人去绛州（今山西省运城市新绛县），那地方离家很远，他把带的钱都花光了。正在为回家路费发愁，就听见八哥说：“你为什么不把我给卖了呢？卖到王爷家里，肯定能有个好价钱，这样不愁回去没有路费。”这人说：“我可不忍心把你卖了！”八哥说：“没事，卖了我之后，你拿到钱，赶紧走，到城西二十里的那棵大树下等我。”这人就答应了。

他带着鸟进了城，八哥故意和他说话，引来很多人看热闹。一只鸟竟然会说人话，大家都觉得很稀奇。城里的王爷听说了，就把这人叫到了府里，问他卖不卖鸟。这人说：“我和这只鸟相依为命，不愿意卖。”王爷问八哥：“你愿意留下来吗？”八哥说：“我愿意！”王爷听了，很高兴，更想买了。八哥说：“王爷，你给他十金就行了，别多给。”

王爷哈哈大笑，当即让人拿来十金，交给了这人。这人拿了钱，显得非常懊悔，恨恨不已地离开了。

王爷买了八哥，和它说说笑笑，看着鸟儿应答敏捷，很是高兴，还让人取来肉喂它。八哥吃完了肉，说：“我要洗澡！”王爷赶紧让人用金盆盛了水，又开了笼子，放出了八哥。八哥舒舒服服地洗了澡，在屋檐外飞来飞去，梳理自己的羽毛，还不停地跟王爷说话。过了一会儿，八哥的羽毛干了，它轻轻挥动翅膀，用刚学会的山西话说：“王爷，我走了哈，再见！”说完，扑棱着翅膀，丢下王爷，去城西的大树那边，找原先的主人了。

王爷捶胸顿足，想要再找鸟和人，都难觅踪影。他花了钱，却白忙活了一场。

后来，有人在西安的集市上看到过那个人。他还和那只八哥在一起，关系依然是那么好。

名

獭

出处

晋代干宝《搜神记》卷十八
晋代戴祚《甄异传》
南北朝刘敬叔《异苑》卷八
南北朝刘义庆《幽明录》卷三
清代袁枚《续子不语》卷二、卷七等

獭这种妖怪，最擅长变化为美丽的女子或者俊俏的男子与人交往。

晋代，河南有个人叫杨丑奴，他住在湖边，常常到湖边拔蒲草。有一天，天快黑了，他看见一个漂亮的女子晃晃悠悠地划着一条装满莼菜的小船靠了过来。女子的穿着虽然不很光鲜亮丽，容貌却异常美丽。她说自己的家在湖的另一侧，天黑了一时回不了家，想在杨丑奴家里借住一宿。杨丑奴答应了，将她请到家里，做饭招待她。二人有说有笑，相处得很融洽。杨丑奴不小心摸到女子的手，发现她的手指非常短，根本不像是人的手。“这女子，肯定是个妖精吧！”杨丑奴怀疑起来。女子很快察觉了杨丑奴的心思，伤心地说：“我虽然是妖精，可也只不过想和你做个朋友罢了，并没有什么坏心思。”说完，她变成一只水獭，跳入水中不见了。

另一个故事是南朝宋文帝元嘉十八年（公元441年），广陵（今江苏省扬州市）有个叫道香的女子，送丈夫往北方去。送走丈夫后，道香独自回家，见天色晚了，就在一座庙里休息。

晚上，丈夫突然出现在她面前。道香觉得奇怪，就问丈夫：“你不是去北方了吗？怎么又回来了？”丈夫回答说：“我很挂念你，不想离开你身边，所以就回来了。”夫妻两人高高兴兴地回了家。

当时有个海陵（属今江苏省泰州市）人叫王纂，擅长降妖除魔，他怀疑那个人不是道香的丈夫，而是妖怪变的，道香被妖怪迷住了双眼。所以，王纂来到道香的家中，开始念咒施法。果然，道香的丈夫露出原形，变成一只水獭跳到水巷里跑掉了。道香也恢复了意识。

名

瓦陇子

出处

宋代洪迈《夷坚志·夷坚甲志》卷第十一《瓦陇梦》

第〇一三号

瓦陇子，又叫蚶子，是一种贝类，吃起来味道鲜美。

宋代，有个叫洪庆善的人，带着家人来到江阴（今江苏省江阴市），他的好朋友送了他一百多个瓦陇子作为礼物。洪庆善的妻子丁氏是温州人，宅心仁厚，不愿意杀生，就将这些瓦陇子放在盆里，准备第二天把它们放回到江中。

当天夜里，丁氏做了一个梦，梦见很多乞丐，全身赤裸，瘦骨嶙峋，只用两片瓦一前一后遮蔽着身体，一个个却满脸欢喜。可是，另有十几个乞丐看起来很悲伤，对伙伴说："你们高兴了，我们可要遭殃了。"

第二天早晨，丁氏醒来想了想，觉得自己梦到的乞丐用瓦片遮挡身体，肯定是那些瓦陇子。丁氏赶紧起来查看，发现盆里面的瓦陇子被家里的小妾偷偷吃了十几个，数量正好和梦中悲伤的那十几个乞丐对应得上。

名

檐生

出处

唐代戴孚《广异记·檐生》

第〇一四号

唐代有个书生，路上遇到一条小蛇，觉得它挺可爱，便收养起来。几个月后，小蛇长大了不少，书生很喜欢它，经常带着它四处去玩，并给它取了个名字，叫它“檐生”。

后来，小蛇越长越大，书生就把它放到范县（今河南省濮阳市范县）东面的大泽之中去了。四十多年以后，那条蛇长得巨大无比，身体就像是倒过来的船一样，被人称为“神蟒”，凡是经过大泽的人，都会被它吃掉。

书生这时已经成了一个老头。有一天，他路过大泽，有人对他说：“泽中有条大蟒蛇吃人，你可千万不能去。”当时正值隆冬时节，天气很冷，书生认为冬月蛇都会冬眠，不会跑出来，更谈不上吃人了，就没有听从别人的劝阻，来到了大泽附近。走了二十多里，书生忽然看到有一条大蛇追赶来。尽管已经分别了几十年，但书生还认识蛇的样子和颜色，远远地对蛇说：“你不是我的檐生吗？”蛇听了书生的这句话，就低下头，和书生玩耍、亲热了一番，很久才恋恋不舍地离开。

回到范县，范县的县令听说书生遇见蛇却没有死，认为很蹊跷，就把书生叫过来询问，得知那条蛇是书生养的，十分生气，把他押进监狱里，判了死刑。坐在牢房里，书生哀叹地说：“檐生呀檐生，我养活了你，现在却要因你而死，唉！”

那天夜里，檐生在大泽里掀起滔天巨浪，把整个县城都淹没了，唯独关押书生的牢房躲过一劫，书生也因此活了下来。

名

蚁王

出处

南北朝东阳无疑《齐谐记》

南北朝时，富阳县（今浙江省杭州市富阳区）有个叫董昭之的人，乘船过钱塘江，看到江中有个大蚂蚁趴在一根芦苇上，随波漂浮，马上就要被淹死了。董昭之不忍心，就用绳子系着芦苇，把大蚂蚁带到了岸上。

这天晚上，董昭之梦见一个穿着黑衣服的人前来感谢自己。这人说："我是蚁王，非常感谢今天你从江里救了我。以后你如果有危难，请告诉我，我一定会帮助你。"

过了十几年，董昭之住的地方发生抢劫事件，他被官府无端定罪，指控为首犯，关押在余姚（今浙江省余姚市）。董昭之想到之前蚁王的那个梦，就暗暗地向蚁王祷告，求它赶紧来救自己出去。

一同被关押的人见他嘀嘀咕咕，很好奇，就问怎么回事，董昭之将蚁王的事情告诉了对方。对方听了后，说："你可以找几只小蚂蚁，让它们出去给蚁王送信。"董昭之觉得对方说得有道理，就找来几只小蚂蚁，让它们去传话。

当天晚上，董昭之果然梦到蚁王前来。蚁王对董昭之说："不用担心，我会设法救你。出去之后，你可以逃到余杭山里。不久之后，你的罪会被免除的。"深夜，有很多大蚂蚁前来，咬坏了董昭之身上的刑具，帮助他成功越狱。

逃出来之后，董昭之按照蚁王的吩咐，躲进了余杭山里。不久，果然山外传来了消息。因为董昭之是被冤枉的，官府赦免了他的罪行，他平安回到了家里。

名

褪壳龟

出处

清代许奉恩《里乘》卷八《褪壳龟》

第〇一六号

清代，扬州有个人，家里养的鸡鸭狗猪等家畜，经常无缘无故就不见了，全家都觉得很奇怪，却也无可奈何。一天，有个乞丐经过他家门口，仔细观察了他家的宅子，问道：“你家养的东西，是不是经常丢失？”这人忙说：“的确如此，你是怎么知道的？”乞丐冷笑道：“你们家马上就要大祸临头了，赶紧想办法，不然一家人可能都要性命不保，更别说这些家畜了。”这人惊问：“你有办法吗？”乞丐说：“你家里有个妖怪，我不知道它是什么来头，只能试试。要是能帮你解除危险，你可以给我一些钱买酒喝；要是不成功，也别怨我。”这人就答应了乞丐的要求。

乞丐在他家里四处溜达，来到厨房，看到一口水缸，就说：“妖怪应该是在这里了。”

乞丐让这家人去买了一块猪肉，煮到半熟，用铁钩钩住，把钩子的一端用绳子挂在柱子上，把肉放在水缸旁，然后躲在旁边观察。果然，大家看到从水缸下爬出来个东西，一口咬住肉，被钩子钩住了。这个东西想要挣脱套索，却被绳子牢牢系在柱子上，无法逃脱。乞丐此时快步上前，把这个东西绑住，与主人同看，原来这东西有三四十厘米长，长得如同蜥蜴。

乞丐说：“你们幸亏是遇到我。这东西名叫褪壳龟，刚刚完成变化，还容易制住。要是再过一年多，就能吃人了，到时候你一家老小恐怕都要被它吃了。”

这人很吃惊，想起家中曾经养了一只大龟，已经消失不见很多年了，就觉得应该是那只大龟变的。于是四处寻找，果然在墙下的狗洞里发现了龟壳。原来，大概是因为狗洞太小，乌龟不小心爬进去，被卡住了，它猛然向前用力，身体就从壳里钻了出来。

乞丐说：这龟壳本是好东西，是化骨妙药，如果有人有龋齿，或者身上长了毒疮、骨头坏死，抹上一点点，就能药到病除。不过也要特别小心，倘若接触过多，不管是骨头还是皮肉，都会被融化。说罢，乞丐将褪壳龟、龟壳剁成肉泥，连同地上的血迹也一起弄干净，装进瓦罐，埋入深山中。主人很高兴，留乞丐吃饭，还如约给了乞丐钱作为酬谢。

第二年，这家主人举办酒宴，夏天天气炎热，有个客人在门前露宿。早晨起来，他发现那位客人不知道怎么回事，身体竟然化成了血水，只剩下了头发。主人因为此事，被官府抓了，关进了牢里。

这时，那个乞丐又来了，听了这件事后，说：“怪我当时没收拾干净，在门上留下了那怪物的一些血迹，掉在了那客人的身体上，就将他化成血水了。”乞丐把这件事情禀告了官府，这家主人才被放出来。

名

老蹣

出处

清代陈恒庆《谏书稀庵笔记》第四章《老蹣》

第〇一七号

自古以来，人们都认为刺猬这种小动物很有灵性，活了很久的刺猬有时会变成妖怪。

清代，山东潍县（今山东省潍坊市）县城的东部，有个叫九曲巷的地方，相传有个妖怪。白天看不见它，一到晚上，它就摇摇晃晃地在巷子里溜达，有时候干脆躺在道路中间呼呼大睡。

这个妖怪身体像盆那么大，全身长着刺，不伤人，也不干坏事，当地人都叫它“老蹒”，其实就是一只老刺猬精。

九曲巷街道两旁开满了各种各样的店铺，人来人往，生意兴隆，是全县最繁华的地方，有钱人都住在这里。因为这个原因，有一伙强盗夜里闯进来抢劫，结果不知怎么回事，在巷子里怎么也走不出去，最后全都被官府抓住了。

人们都说是因为老蹒，是它守着这个巷子，保护大家。

很多人对老蹒感兴趣，想知道白天它躲在什么地方，不过哪里都找不到它的藏身之处。这是为什么呢？可能是因为刺猬非常善于蜷缩，即便身体很大，也能钻进很小的洞里。何况老蹒是个妖怪，神通广大，想发现它的家可不是一件容易的事。

当地人很喜欢老蹒，平时碰到了，都会提醒对方：“晚上碰到老蹒，可千万不要伤害它呀！”

除了潍县人喜欢刺猬，在北京，人们也很喜欢它。北京人将刺猬当作财神供奉，听说极为灵验。

名

量人蛇

出处

唐代裴铏《传奇·邓甲》
清代梁绍壬《两般秋雨庵随笔》卷四《量人蛇》
清代朱翊清《埋忧集》卷四《秤掀蛇》

量人蛇是一种喜欢和人比试的妖怪。

唐朝宝历年间，有个叫邓甲的人，拜茅山道士峭岩为师，学习法术。峭岩这个道士能够借助药使瓦砾变化，写符召来鬼神，很厉害。

邓甲很用功，也很诚心，学习起来废寝忘食。峭岩见他这么上进，也很受感动，就教邓甲学习药法，可是邓甲始终学不成，教他学习符法，邓甲也没学成功。

峭岩对邓甲说："看来你和这两种法术没缘分，不能勉强。"于是，峭岩就传授邓甲专门对付天地之间蛇类的法术，这种法术是峭岩的独门绝技，天底下也只有他一个人懂得。

邓甲将师父的这门法术学成后，就下山回老家了。他走到乌江时，刚好遇上会稽的县宰被毒蛇咬伤了脚，正痛苦地号叫。邓甲替他治疗，先用符保住他的心脏，替他止了疼，然后说："必须召来咬人的那条蛇，让它收回您脚上的毒。否则的话，您就得砍掉自己的脚了。"

但是，咬伤县宰的那条蛇修为很高，担心有人报复它，已经远远跑掉了。

于是邓甲在桑林里修了一座祭坛，坛宽四丈，把丹药撒在祭坛的四周，又用篆书写了一些符咒召集十里内的蛇。没过多久，几万条蛇蜂拥而至，聚积在祭坛的周围。最后来了四条大蛇，每条都有三丈长，水桶一样粗，盘踞在蛇堆上。

这时候，正是盛夏季节，草木原本翠绿旺盛，可因为毒蛇喷出的毒气太多，祭坛周围百步内的杂草和树木全都枯黄落叶了。

邓甲却不慌不忙，光着脚爬到蛇堆的最上层，用一根青色的小竹棍敲着四条大蛇的头说：“你们几个是五种毒虫的主管，掌管界内的蛇，怎能让手下用毒去害人呢？你们赶紧吩咐它们，让咬县宰的那条蛇留下，其他无辜的蛇可以离开。”

大蛇似乎听懂了邓甲的话，蛇堆崩倒，大蛇先去，小蛇跟在后面，一起离开了。只有一条筷子一样粗细的土黄色小蛇留在原地，看来就是咬县宰的那条了。

邓甲让人把县宰抬来，让他伸出脚，接着命令小蛇收回它的毒。小蛇开始时不愿意，身体一伸一缩。邓甲就叱责小蛇，使用法术将小蛇的身子变得只有几寸长，小蛇看起来很痛苦，不得不张开口，向脚疮吸毒。等将县宰的毒吸干净之后，小蛇就变成一摊水，死了。

邓甲的法术，就是这样厉害。

有一次，邓甲来到了浮梁县，当时是冬末春初，茶园里有不少毒蛇，茶农们去采摘茶叶，被咬死了几十人。

县城里的人知道邓甲神通广大，于是大家就凑了一些钱，请邓甲除去这一祸害。

邓甲就修建了一个祭坛，施展法术，想召唤蛇王前来斗法。很快，蛇王出现了，粗如人腿，有三米多长，身上色彩斑斓，后面跟着一万多条小蛇。蛇王只身上了祭坛，与邓甲比试起来。蛇王先竖起身体，头昂起来达数尺，想看谁更高一些。邓甲很聪明，用拐杖顶着帽子往上举，蛇王虽然竭尽全力，身体还是超不过邓甲的帽子，就倒在地上化成一摊水死了，那些小蛇也跟着蛇王一起死了。有人说，如果蛇王高度超过了帽子，那死的就是邓甲了。

自那以后，再也没人在茶园里被蛇咬过。

清代，在琼州（今海南省），有蛇名叫量人蛇，可以长到两米多长，遇到人它就将身体竖立起来，和人比高矮，并且会大声叫道：“我高！”这个时候，如果碰到的人不说话，或者承认没有蛇高，就会被吃掉。如果回答：“我高！”蛇就会身体落下来死掉。

有人说，和量人蛇比高矮是有办法的。当蛇站立起来时，人可以随手拾个东西往上高高抛起，然后说：“你不如我高！”量人蛇往往不甘心，就会翻身躺倒，伸出一千多只小脚，想和人比试谁的脚多。碰到这种情况，人可以把自己的头发散开，对蛇说：“你的脚不如我的多！”量人蛇就会收起脚，趴在地上。这时候，要赶紧将身上的衣带弄断，对量人蛇说：“我走了！”做完这些，那条量人蛇必死无疑。

名
牛龙
出处
清代钱泳《履园丛话·丛话十四·祥异·水牛》

动物篇

第〇一九号

清朝初年，安东县（今江苏省淮安市涟水县）长乐北乡有个地方叫团墟，住在这里的张某，家里养了一百多头水牛。有一次，牛群跑进水里，等上岸后，张某数了数，发现丢了一头。

有天晚上，张某梦见那头丢失的牛对自己说：“我快要变成龙了，在桑墟河里和龙打架，却打不过它，你能帮我一下吗？”张某问怎么帮忙，牛说：“你可以在我的牛角上绑两把刀子。”张某答应了。

第二天早晨，张某起床之后，打量自己的牛群，看哪一只的角足够大，能绑上刀子的。结果在牛群里发现了一头大水牛，它的肚子下面长着龙的鳞片，知道这就是在梦里向自己求助的牛，于是找来两把刀，绑在了它的角上。

第三天，桑墟河那边突然狂风暴雨大作，那头牛和龙打斗起来。因为双角上绑了刀子，那头牛十分占便宜。河里的龙打不过它，被它伤了一只眼睛，逃跑了。牛高兴地跑进大河，成了新的河龙。

后来，凡过大河，忌讳说“牛”字；过桑墟河，则忌讳说“瞎”字。一旦不小心说起这两个字，河上立刻会卷起风涛。

名

蛇王

出处

清代袁枚《子不语》卷十八《蛇王》

传说，在湖南、湖北一带，有种妖怪叫蛇王。这种妖怪没有耳朵、眼睛、爪子、鼻子，但是有嘴，长得如同一个四四方方的柜子，走起路来发出咣当咣当的响声，它经过的地方，草木都会枯萎死掉。

蛇王非常喜欢吃蛇，当它觉得饿了的时候，就张开嘴猛吸，周围的巨蟒、恶蛇都会被它吸入嘴里，变成汁水，成为它的美食，而它柜子一般的身体也会越发膨胀起来。

常州（今江苏省常州市）有姓叶的兄弟两人去巴陵（今湖南省岳阳市）游玩，在路上看到一群蛇蜂拥而来，他们怕被蛇咬到，赶紧闪在一旁躲避。随后，刮起了一阵风，闻起来又腥又臭，好像有什么怪物要过来。兄弟二人觉得情况不对劲，就爬到了树上。

过了一会儿，他们看到一个四四方方的柜子一样的怪物从东边过来，模样很吓人，像刺猬又没有刺。弟弟拉弓放箭，射向那个怪物，可对方即便被射中，也好像没事儿一样，依然大摇大摆地走过来。弟弟跳下树，来到那东西的跟前，想再放箭，却被怪物喷出来的毒气熏到，弟弟身形摇晃，晕倒在地。等怪物走后，哥哥下来查看，发现弟弟已经死了，尸体也化为了一摊黑水。

哥哥很伤心，把这件事情告诉了别人。有个老渔翁听了，说："那怪物就是蛇王，我有办法抓住它。"人们问他有什么办法。老渔翁说："蛇王最厉害的就是嘴里面喷出来的毒气，我们可以制作一百多个馒头，用竹竿插着送到它的嘴前，吸收它的毒气。刚开始，馒头会因为沾染毒气发霉、腐烂、变黑，然后再换新馒头，馒头的颜色会发黄、发浅红色，说明它的毒气在慢慢耗尽。等到馒头再也不变色的时候，大家就一起上，那时杀它就如同杀猪杀狗一般容易。”

大家都觉得有道理，按照老渔翁的办法，果然杀掉了蛇王。

名

牛鬼

出处

清代解鉴《益智录》卷之四《牛鬼》

第〇二一号

山海关以东的深山里，有个村庄，庄里农民都养牛。每年，等耕完地，庄里人就会把牛集合在一起，赶到深山放养。因为牛很多，所以庄里专门雇了一个叫伊任的人放牧牛群。

牛在山里，最怕碰到老虎。有一天，伊任赶牛进山，忽然窜出来一只大老虎。伊任大叫道：“老虎来了！”话音刚落，牛群里跑出一头大公牛，直奔老虎而去。伊任则爬上身旁的一棵树观望。

那头公牛勇敢地和老虎搏斗，老虎虽然爪牙锋利，但牛的犄角和蹄子也十分厉害，打了许久，不分胜负，老虎就跑了。公牛很累，停下来赶紧吃草。伊任知道公牛饿了，害怕老虎等一会儿再来，就赶紧拿麦麸喂它。果然，公牛刚吃饱，老虎又来了。只见那头公牛精神抖擞，再次和老虎搏斗，最终把老虎打败了。

伊任大喜过望，自此之后，进山就跟着那头公牛，每次只要有老虎出现，公牛就能把对方赶走。牛群也因此安然无恙。

一天晚上，伊任做了一个梦，梦见这头公牛对自己说：“快点儿醒来！我之前因为吃了灵芝，所以才会有打败老虎的本事，可是今天晚上我就要死了。我死后，你把我的两只牛角收好，以后有大用处。如果你以后在山上遇到麻烦，就连喊‘牛鬼’，我一定会来救你。”伊任醒来，发现是个梦，以为不可信。早晨起来，发现那头牛真的死了。

按照规矩，如果牛死在山上，必须剥掉皮给主人，这样主人才会相信牛的确死了。伊任认为这头牛很神奇，没有剥了它的皮，而是收好了两只牛角之后，把它埋了。然后，伊任把事情告诉了牛的主人，对方听说牛死了，又没看到牛皮，以为伊任骗他，就把伊任辞退了。

伊任丢掉了工作，没办法生活，只能进山采人参，以此赚钱为生。他却并不知道自己采山参的地方，也是老虎出没之处。一天，伊任和几个同伴在山里歇息，因为太热，所以他爬到树上乘凉，没想到忽然来了几只老虎，将同伴都咬死了。伊任吓得够呛，等老虎走了，想下树，又怕老虎再来，他突然想起曾经做过的那个梦，就大喊了几声“牛鬼”。喊完，只见从东面来了一个人，身躯硕大，长得很像那头牛，抬头看着伊任，说：“你赶紧下来，有我在，保你安全。”

伊任下树，这人说：“跟我来！”他不紧不慢地走在前面，伊任却要竭尽全力才能跟上他的脚步。两人来到一个院落。

伊任心想：“这家伙肯定就是公牛变的牛鬼了。”就问对方的情况，那人说：“你不要问了。”

过了一会儿，那人拿出酒肉给伊任吃喝。吃饱喝足，那人对伊任说：“你不要出门，即便出去，也不要走到二百步之外。”伊任不明白对方的意思，但还是照做了。一天，伊任觉得屋中憋闷，便在附近欣赏风景。不远处的山坡上伏卧着一只老虎，看到伊任便冲下山坡，伊任大惊失色，奔回屋内，发现老虎竟然不敢上前。伊任就这样生活了数日，一天那人对伊任说：“你来山里，是采人参的吧？有个地方人参很多，你跟着我去采。”山路崎岖，到了不好走的地方，那人又说：“我驮你走。”说罢，那人倒在地上，变成了公牛。路上遇见老虎出没，公牛就带着伊任长驱直入，反而是老虎见牛避走。伊任骑着公牛来到一个地方，果然挖到了数百斤人参。

名

魇精

出处

唐代戴孚《广异记·天宝骥骑》

第〇二二号

唐代，邯郸（今河北省邯郸市）一带，出现了名叫魇精的妖怪，经常跑到人们的村庄里，周围的人对它都习以为常。

有三名骑兵，夜晚到这个村子投宿，一个老太太说："不是我不留你们，而是我们村子里来了魇精，只要有客人来，一定会被它们害苦，一定要提防。这个妖怪虽然不会伤人，但是会给你们带来麻烦，让你们昏迷，做噩梦。"这几个骑兵一向不怕妖怪，就留下歇息了。到了半夜二更时分，其中两人睡着了，还有一人没睡着。他看见有个东西从外面跑进来，长得如同老鼠，但毛是黑色的，穿着绿色的衣服，手里拿着一个五六寸长的笏，弯着腰，偷偷摸摸地向一个熟睡的同伴走去，同伴的脸上立刻露出了十分痛苦的表情。妖怪接连魇了两个人，接着，妖怪就朝这个人走过来，当它来到床前的时候，这个骑兵觉得妖怪全身散发着一股凉气，十分冰冷。他跳起来，一把拽住了它的脚脖子，然后叫醒同伴，三个人一起抓住了它。到了早晨，村里的人也来了，大家一起审问它。不过，无论怎样审问，妖怪都不吭声。

骑兵生气了，大声说："你如果不告诉我们你到底是什么东西，我们就用油锅炸了你。"那妖怪十分害怕，才说："我是千年的老鼠成精，如果迷昏了三千人，就能够变成狐狸。我虽然让人昏迷、做噩梦，但是从没有伤过人，还希望你能够饶了我。如果放了我，我一定离开这里，跑到千里之外去。"

三个骑兵见这个妖怪的确没干什么严重的坏事，就把它放走了。

名

山蜘蛛

出处

唐代段成式《酉阳杂俎·前集》卷十四《诺皋记上》
五代王仁裕《玉堂闲话》卷四《老蛛》
清代钱泳《履园丛话·丛话十六·精怪·蜘蛛网龙》
清代乐钧《耳食录二编》卷四《蜘蛛》

山蜘蛛是中国古代著名的一种妖怪，它体形巨大，常常潜伏在山林之中。

唐代，有个武艺高强的剑客，名字叫裴旻。有一次，他在山里走，看见一个蜘蛛网，垂下来的丝又长又粗，跟家里用的布一样，上头的蜘蛛跟马车的轮子一样大，发出怪叫向他爬过来。裴旻急忙拉开弓，射走了山蜘蛛，然后弄断了几根蜘蛛丝，收藏起来。据说，山蜘蛛的蛛丝很有用，如果贴在伤口上，不管伤口多大，立刻就不流血了。

五代时，泰山的脚下有座岱岳观，楼房殿堂古色古香，年代久远。有一天晚上刮大风，人们听到"轰"的一声巨响，响震山谷，大家都不知道发生了什么事。等到早晨去看，原来是观里的藏经楼倒塌了，里面露出了很多小孩的骨头，足足装满了一辆车。

大家赫然在骨堆中发现了一只巨大的蜘蛛，肚子扁圆像个大鼎，爪子又大又长，伸展开能覆盖周遭数尺之地。以前，这个寺观附近，老百姓家经常丢小孩，丢失的小孩不计其数，原来全都是被这个大蜘蛛吃了。只要是撞上蛛网或者被蛛丝黏住，无法走脱，必然被大蜘蛛害了性命。大家一起烧死了那只大蜘蛛，烧的时候，它散发出来的臭气，十多里外都能闻到。

清代，海州（今江苏省连云港市）的大伊山里，传说有只活了千年的大蜘蛛，它呼出来的气能够化为黑雾。周围的居民只要一看到这种黑色的烟雾升腾起来，就立刻关闭门窗，走路的人则面向墙壁躲避，不敢沾染，生怕中毒。有时候，这个大蜘蛛会变成老人，打扮得如同私塾先生一样，喜欢和小孩一块玩耍，从来不伤害人。

有一年夏天，忽然雷电轰鸣，有两条龙来抓这个大蜘蛛精。蜘蛛吐丝布网，竟然把那两条龙困住了。两条龙急着挣扎而出，引起大水，把海滨都淹了。紧接着，天空中又出现了两条火龙，喷火烧掉了蜘蛛网，才救出了先前被困住的那两条龙。过了一会儿，雨收云散，龙和大蜘蛛都不见了。这件事发生后，当地人在地上捡到了蜘蛛丝，每一根比人的胳膊还粗，颜色灰黑，坚韧无比，上面还有烧焦的痕迹。

也是在清代，海州的马耳山上也有只大蜘蛛，不知修行了多少年，经常在周围的山里游走，当地人常常会看到它。这只蜘蛛有时候在山间飞驰，有时候跑到海里戏弄船舶。有个姓吴的人，一天在路上行走，看见西边的林子里似乎潜伏着一个庞然大物，等走到近前，才发现是那只大蜘蛛。见到吴某，大蜘蛛飞快跑走，掀起来很多沙石，噼里啪啦地打在吴某的脸上。吴某赶紧趴在地上，就听见大蜘蛛裹着疾风骤雨，从自己的头上呼啸而过。吴某胆战心惊，好一会儿才风平浪静，再看林子里，黑光远去了。

海州城里经常刮大风，城外却是草木不摇，有人说也是那个蜘蛛精所为。

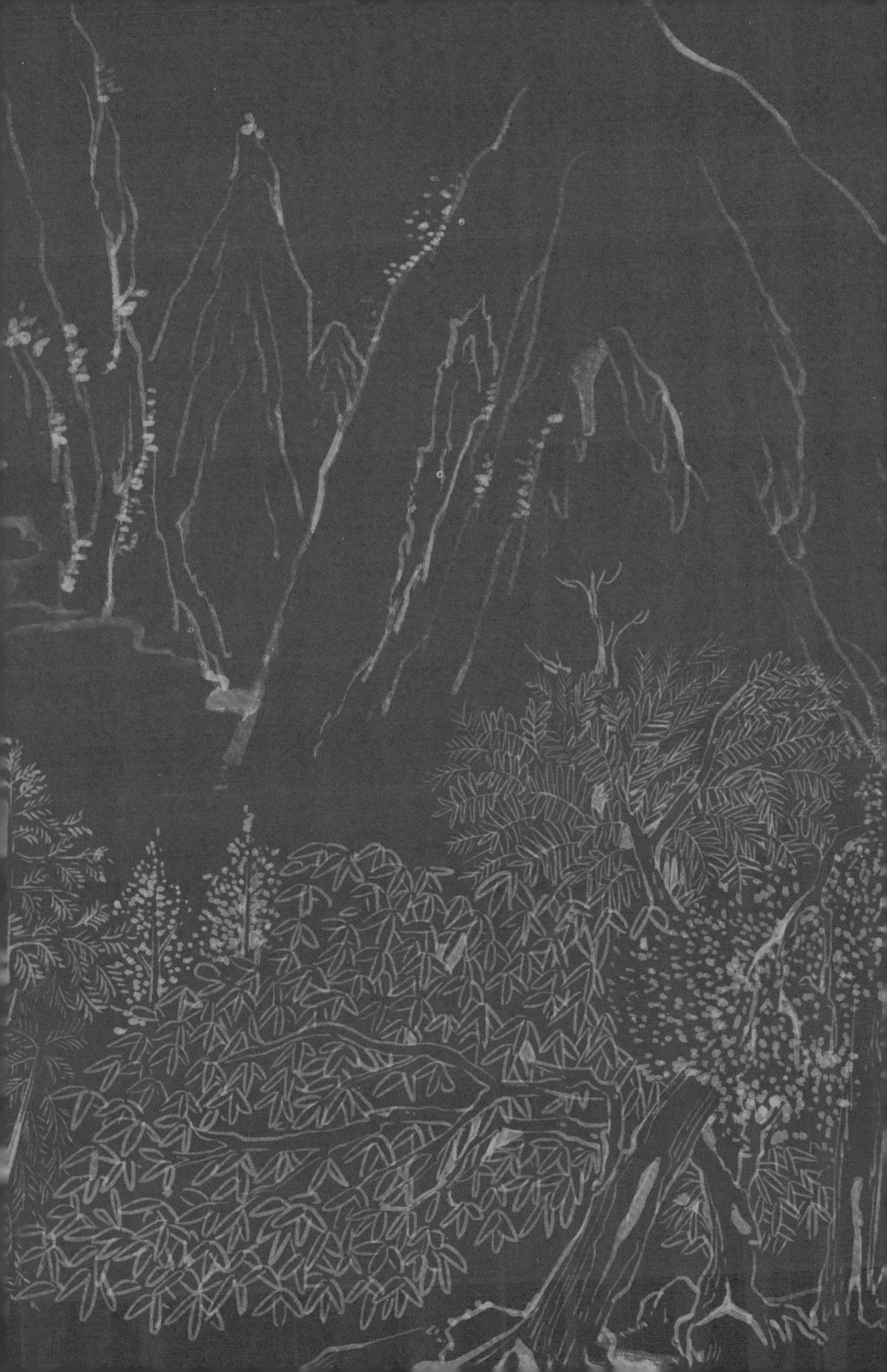

植物篇

名

柳树精

出处

宋代李昉等《太平广记》卷第四百一十五《草木十·薛弘机》（引《乾䐑子》）

唐代张读《宣室志》卷五《卢虔》

清代袁枚《子不语》卷十六《柳树精》

唐代时，东都洛阳渭桥的铜驼坊里，住着一个叫薛弘机的隐士。薛弘机在渭河边上盖了一间小草房，闭户自处。每到秋天，邻近的树叶飞落到院子里来，他就把它们扫到一块，装进纸袋里，找到那树归还。所以，薛弘机是个很有品行的隐士。

有一天，残阳西斜，秋风入户，他正披着衣衫独坐，忽然有一位客人来到门前。客人的样子长得挺古怪：高鼻梁，花白眉，嘴巴方方的，额头大大的，样貌卓尔不群。这人穿着裘衣，颜色如同早霞那般绚烂。他对薛弘机深深施了一礼，说："我听说薛先生你喜欢幽静，品行很好，而且也有修养，我住的地方，离你不远，我非常仰慕你，所以特来拜见。"

这位客人谈吐优雅，彬彬有礼，薛弘机对他印象很好，相谈甚欢。薛弘机问其姓名，客人自称姓柳，名藏经。两个人一起唱歌吟诗，一直聊到天快亮了，柳藏经才起身告辞。

薛弘机送他出门，发现柳藏经走路时发出淅淅索索的声音，出了门口几米远之后，他就消失了。薛弘机觉得有点奇怪，向邻居打听，大家都说没有见过这样的一个人。

几个月后，柳藏经又来访，并且和薛弘机成了很好的朋友。两人在一起时，柳藏经似乎并不喜欢薛弘机离自己太近，有几次薛弘机靠近他，发现柳藏经身上散发着一股朽烂木头的气味。

第二年五月，柳藏经又来了，与薛弘机吟诗作对，走的时候却很不安，也不似之前那般从容。这天夜里刮大风，毁屋拔树。第二天，魏王池畔的一棵大枯柳被大风刮断，这棵柳树的树洞里藏着很多的经书，全都朽烂腐坏了。薛弘机听说之后，才知道自己的这位朋友原来是柳树精。“因为树里面有经文，所以才叫柳藏经呀！”薛弘机叹道。

也是在唐代，东都洛阳有一座旧宅子，屋宇高大，富丽堂皇，厅堂众多。可凡是住进去的人，很多就平白无故死去了，所以屋门紧锁，空了很多年。

贞元年间，有个叫卢虔的官员想买这座宅子。有人告诉他：“这宅子里有妖怪，不能住。”卢虔不相信，说即便是有妖怪，我也能应付得了，到底还是买了。

晚上，卢虔和手下一起睡在堂屋里，命仆人、随从全住在屋外。他的这个手下非常勇猛，而且擅长射箭。因为听说有妖怪，所以手下就拿着弓箭，坐在窗户下，保护卢虔。快到半夜时，忽然听到有人敲门，手下问是谁，有声音回答：“柳将军有书信要给卢官人。”卢虔没有应声。

过了一会儿，有一封书信从窗户那边塞了过来。上面的字像是蘸着水写的，字体纤细工整。信里面这样写道：“我家在这里好多年了，你突然进来，占据了我的房子，简直岂有此理！识相的，赶紧离开，否则我可不客气了！”卢虔读完这封信后，书信就飘然四散，变成了灰烬。

又过了一会儿，有声音说：“柳将军愿意和卢官人见一面。”很快，院子里出现了一个十几米高的大妖怪，手里拿着一个瓢。卢虔的手下见了，立刻拉满弓，向妖怪射去，射中了它手里拿的瓢。妖怪退走，过了很长时间后，它又跑了回来，看上去气宇不凡，脑袋昂得高高的，很是嚣张。卢虔的手下又开弓放箭，射中大妖怪的胸膛，妖怪大惊失色，看上去很害怕，赶紧向东方逃走了。

天亮之后，卢虔带人按照妖怪留下的脚印去找，一直来到宅子东边的空地，痕迹才消失不见。只见这里有一株大柳树，高有一百多尺，上面钉着一支箭，看来就是昨晚那个自称柳将军的妖怪了。卢虔砍掉了这棵大柳树，自此宅子里就再也没有出现过妖怪。后来过了一年多，卢虔重新建造房屋，在屋顶的瓦片下发现一个瓢，有一丈多长，瓢的尾部，还插着当年射出的箭，看来就是“将军”手里的那个瓢了。

关于柳树精，还有一个故事。

清代，杭州有个叫周起昆的人，在县城的学校里担任教官。每到晚上，在学校一间屋子里的大鼓就会无故自响。周起昆觉得奇怪，就派人偷偷盯着，发现有个身高几米的东西，长得像人，用手咣当咣当敲鼓。

学校看门的一个人，叫俞龙，一向胆子很大，就悄悄对着怪物射了一箭。那怪物被射中，狂奔而去，第二天晚上开始那面鼓就再也不在深夜响了。

两个月后，有天刮大风，学校门外的一棵大柳树被连根拔起。周起昆让人把它锯断当柴火烧，结果发现树的腹部上有俞龙之前射的那支箭，这才知道那个敲鼓的怪物原来是柳树精。

名

青桐

出处

唐代段成式《酉阳杂俎·续集》卷一《支诺皋上》

第〇二五号

唐代时，临湍寺有一个叫智通的和尚，经常念《法华经》。智通修行刻苦，喜欢在安静、没有人烟的地方学习。

有一天晚上，智通正在打坐，忽然听到有人绕着院子喊他的名字，一直到天亮，喊声才停止，一连几个晚上都是这样。这么闹腾了几天，当喊声再次从窗口传进来时，智通忍耐不下去了，就说："谁呀？喊我有什么事？有事可以进来讲。"

话音刚落，有一个怪物走了进来。这个怪物身高将近两米，黑衣黑脸，两眼圆睁，张着血盆大口。怪物见了智通，双手合十，行了礼。智通盯着它看了很长时间，说："你冷吗？冷的话，可以坐下来烤烤火。"那怪物就坐下了。

智通也不管它，只是念经。到了深夜，怪物烤了很久的火，闭着眼张着嘴，抱着火炉睡着了，发出响亮的呼噜声。智通见了，从旁边拿来香匙，掏了几个火红的炭火，放到了怪物的嘴里。怪物被烫得嗷嗷大叫，跑到门外，消失了。

智通所在的寺庙背后是一座山。天亮后，智通在那怪物消失的地方，拾到一块树皮。他出了庙门，往山上找，走了几里路之后，看到一棵大青桐树，枝叶都掉光了，根部有一块凹陷的地方好像是新近弄掉的。智通把手中的树皮往上一摁，正好合上。大青桐树的树干有个地方被砍柴人砍成了一个陷窝儿，深六寸多，大概这就是怪物的嘴，里边还装着昨晚智通放的炭火，隐隐还有未熄灭的火星呢。

智通把这棵树烧了，那个怪物就再也没有出现过。

名

参翁

出处

南北朝刘敬叔《异苑》卷二

唐代张读《宣室志》卷五《赵生》

人参，在中国被视为百草之王，十分珍贵，有延年益寿、起死回生之效。传说，有年头的人参会吸收日月精华，成为妖怪。

南北朝时，上党（今山西省东南部）这地方，有人半夜听到孩子的哭声，便起身四处寻找，发现声音来自地下。这个人就拿起锄头往下挖掘，刚一下锄，就听到呻吟声，结果挖出一枚人参，长着胳膊和腿，与人一模一样。

无独有偶，唐代天宝年间，有个姓赵的书生，他的先人以擅长文学而显达。家里兄弟四个都读书考取了进士，当了官。唯独他生性鲁钝，虽然读书，却读不懂句子，不了解文意。到了壮年，依然没有考取功名。参加宴会时，他看到朋友们都当了官，只有自己一事无成，心情很郁闷。尤其是喝酒喝多了，有人喜欢用这事奚落、戏耍他，书生觉得既羞愧又愤怒。

后来有一天，书生将很多书装进箱子里，带着进山，在山里建起一间茅草屋隐居，日夜苦学。即便是严寒酷暑，吃的是粗茶淡饭，穿的是粗布麻衣，日子过得清苦，但书生依然坚持学习。不过，可能是因为他实在是太笨了，越是勤奋进步越小，他也就越生气，但是从始至终，他都没有放弃。

过了几个月，有一个穿着粗布衣服的老头前来拜访书生。老头说："我看你独居深山，刻苦读书，是不是想考取功名做官呀？你学习了这么久，竟然连断句、书中讲的什么道理这样的基本问题都搞不清楚，也太愚笨了吧。"书生赶紧道歉，说："没办法呀，我生下来就很笨，自己觉得以后不会有什么大出息，所以才进山，读书自娱。即便不能达到精通微妙的地步，我也会坚持下去，不给家里人丢脸。”老头说：“你这个孩子决心很大，我很喜欢。我老了，没什么才能，但想帮你一把，你有时间去我那里一趟吧。”书生问老头家住在哪里，老头说：“我姓段，家在大山西边的一棵大树下。”说完，老头就不见了。

书生觉得这老头恐怕是妖怪，就去大山的西边寻找，果然见到有一棵大椴树，枝繁叶茂。书生想了想，自言自语说：“老头说姓段，段和椴树的椴同音，又说住在大树下，那应该就是这里了。”

于是，书生用锄头在椴树下面挖，结果挖出来一根大人参。这根人参一看就有很多年头了，胳膊、腿儿齐全，模样长得和那个老头很像。

书生想起老头的话，就把人参吃了。从此之后，书生变得格外聪慧，读书过目不忘，进步神速，明白其中深奥的道理。过了一年多，他果然考取了进士，做了官。

名

杉魅

出处

唐代张读《宣室志》卷五《董观》

第〇二七号

唐代，有个叫董观的人，住在山西太原。一年夏天，他和表弟王生到湖南、湖北一带游玩，然后计划着去长安。

一天，二人来到商於（今河南省南阳市西峡县、淅川县一带），就在山中驿站中住下。晚上，王生已经睡下，董观尚未入睡。他忽然看见一个东西出现在灯架下，伸出两只手，想去遮盖烛光。它的手有点像人手，但是手指非常细。烛影之外，好像还有什么东西。董观有点害怕，慌忙喊王生。王生刚起来，那两只手便消失了。

董观找了根棍子，握在手里，对王生说："小心，别睡了。那精怪还会再来。"于是，两个人坐着等了很长时间，也没再看到妖怪。王生有点生气，说："根本就没有什么妖怪，老兄你说谎呀。我好困，先睡了。"王生刚睡下不久，妖怪就又出现了，黑乎乎的一个影子，没有脸，站在黑暗里。董观十分害怕，喊王生，王生先前被董观折腾了一番，很生气，根本不起来。情急之下，董观就用棍子捅那妖怪的脑袋。说来奇怪，妖怪的身躯像用草做的，棍子一下子就捅了进去，使劲却拔不出来。或许是因为棍子捅疼了它，妖怪没有停留，带着棍子逃走了。董观怕它还会回来，没敢合眼一直等到了天亮。

第二天，董观把事情告诉了驿站的主人，主人说："从这往西几里，有一棵老杉树，常常闹出诡异的事情，你看到的妖怪可能就是那东西。"于是三人一起向西走，没走多远，果然看见一棵老杉树，有一根棍子横穿在枝叶之间，正是昨晚董观用的那根棍子。驿站的主人说：“人们说这棵树作妖很久了，我一直没有亲眼见过，这回我可信了。”三个人急忙取来斧子，把杉树砍了。

名

枣精

出处

纪昀《阅微草堂笔记》卷四《滦阳消夏录四》

第〇二八号

清代，有个叫汪晓园的人，寄居在一座老宅里。老宅的院子里长着一棵枣树，年头已经超过一百年了。每到月明之夜，汪晓园就能看到一位红衣女子垂足坐在树的斜枝上，抬头看着月亮，也不害怕人。如果走近了，她就会消失不见；但如果后退几步，她就还坐在那里。

汪晓园觉得很奇怪，有一次，他让两个人一个站在树下，一个站在屋子里。结果，屋子里的人能看到红衣女子，站在树下的人却什么也看不见。

枣树上的那个女子，在月光下是看不到她的影子的。如果向她扔石块，石块会穿过她的身体飞过。如果举起火枪对她射击，女子会应声消散，过一会儿，又出现在树上，毫发无伤。

汪晓园把这事儿告诉了宅子的主人，主人说："自从买了这个宅子，就有这个妖怪，但她从来不害人，所以宅子里的人，也没什么事。"

草木成精是常见的事。一般来说，这些妖怪都擅长变化，唯独这个妖怪坐在树上，既不做什么事，也不跟人交谈，不知道她为什么这样。尽管她不伤害人，但汪晓园认为这毕竟是个妖怪，所以搬走了。

后来，听说宅子的主人把那棵枣树砍掉了，红衣女子就再也没有出现过。

名

蕉女

出处

宋代洪迈《夷坚志·夷坚丙志》卷第十二《紫竹园女》

明代陆粲《庚巳编》卷五《芭蕉女子》

芭蕉这种植物叶片很大，亭亭玉立，所以不管是古代还是现在，大家都喜欢把它种植在庭院里。有时候，它也会变成妖怪。

宋代，有个叫章裕的人，带着仆人顾超去怀宁县（今安徽省怀宁县），晚上在一间书馆歇息。一个穿着绿衣裳的女子前来找顾超，说是被母亲逐出家门，没有去处，见顾超在此，特来相会。顾超问她住在哪里，她说在城南的紫竹园。顾超就收留了这位女子。

顾超把这件事告诉了章裕，章裕觉得情况不对劲，认为那女子肯定是妖怪，怕它害了顾超性命，和他商量，决定抓住它。

第二天晚上，那女子又来，顾超拽住女子的衣服不放，大喊："有鬼！"章裕挑着灯前来捉拿，那女子奋力挣扎，扯断袖子，逃之夭夭，而那衣袖变成了一片芭蕉叶。

后来，他们才听说，城南的紫竹园里面，有一大丛芭蕉年代久远，成了妖怪。章裕就命人把芭蕉砍了，砍的时候，芭蕉流出了很多血。

明代，苏州有个书生，名叫冯汉，家中的院子里种着一些花草，青翠可爱。有一年夏天的傍晚，冯汉洗完澡坐在榻上，忽然看见一个穿着绿色衣裳的女子站在窗户边。冯汉问她姓名，女子款款施礼而拜，说："我姓焦。"说完，女子直接走进了屋里。

冯汉抬头观看，发现这女子肌肤娇嫩，言行举止可人，姿色绝佳，倾国倾城，但不像正常人。冯汉就站起来，扯住她的衣袖想抓住她。女子拼命挣脱，跑掉了，冯汉只撕下了她的一片裙角。第二天，冯汉起来，发现那片裙角竟然是一片芭蕉叶。他觉得奇怪，拿着芭蕉叶走到院子里，发现种的那株芭蕉缺了一片叶子，比对一下，手里的这片正好能合得上。

这株芭蕉是冯汉从一个寺庙移植过来的，他赶紧把这件事告诉了寺里的和尚。和尚说，寺里面之前的确曾有芭蕉作怪，已经魅惑死了好几个僧人。

名

孝鬼草

出处

清代梁恭辰《北东园笔录三编》卷二《孝鬼草》

清代，无锡有个人叫姚舜宾，为人忠厚老实，乡里人都很尊敬他。姚舜宾虽然家里很贫穷，但十分孝顺母亲。他靠教书为生，对母亲恭敬对待，从来不给母亲脸色看，穿衣、吃饭都悉心照顾。

有一年，发生了大饥荒，书馆解散，姚舜宾失去了经济来源，粮食吃完了，又没钱给母亲买吃的，他忧郁过度，就病死了。姚舜宾死后，人们没钱给他买棺材，就随便用草席裹着，把他埋在屋后的空地上。第二天，姚舜宾的坟头忽然长出一片草，长得如同山药，结出很多果实，吃起来十分香甜，如同糯米。他的妻子采摘了，煮熟了吃，发现吃一顿一天都不饿，就赶紧做给婆婆吃。

这种草能长到四五尺高，早晨采了，中午就会再次长出，取之不竭。有了它，即便是大饥荒，姚舜宾的母亲也没有饿死。

母亲知道这草是儿子的灵魂所化，抚摸着这些草，号啕大哭。那小草也弯下腰，摇动起来，像是给母亲磕头。周围的人听说了，都来观看，称赞姚舜宾孝顺，即便是死了，也没有忘记孝顺母亲。

名

枫鬼

出处

南北朝任昉《述异记》卷下

宋代李昉等《太平广记》卷第四百七《草木二·枫鬼》(引《十道记》)

唐代张鷟《朝野佥载·补辑》

第〇三一号

传说云南、贵州和四川一带，有一种妖怪叫枫鬼，就是成年累月的老枫树，变成老人的模样，所以又叫灵枫。

南北朝时，抚州（今江西省抚州市）有座麻姑山，山上生长着很多古树。其中，有棵活了几千年的老树，已经化成人形，眼、鼻、口、臂全有，但是没有脚。进山的人有时会见到它，如果有人从它身上弄掉一小块儿皮，它的伤口就会出血。这个妖怪，就是枫鬼。

唐代，江西的山中，也有不少枫树变成的妖怪，长得像人，一米多高。打雷下雨的晚上，它就长得和树一般高，如果不小心被人看到了，它们就立刻缩回去。曾经有人把竹笠扣到它的头上，第二天去看，竹笠居然挂到树梢上去了。这种枫树变成的妖怪，很灵验。当地如果发生了大旱，人们想求雨，就用竹针扎它的头，然后举行仪式，往往很快天空就会阴云密布，下起雨来。

名

谷精

出处

清代乐钧《耳食录》卷二《西村颜常》

常满

清代，有个人很穷，二十多岁了也没有正当的职业，落魄不堪。一天，一个穿着青衣服的人拉着一个穿着白衣服的人来到他家，对他说：“我们被人关押，幸而逃脱，出来投奔你。过几天，黄哥也会来。”说完，青衣人和白衣人径直走进了这人的房间。这人很惊诧，进屋，没看到那两个人，却见到地上有东西堆积，看了看，原来是青色的铜钱和白银，这才知道那两个人是铜钱和白银变的妖怪。几天后，又有个穿黄衣服的人来到他家后也消失了。这人随后在家里发现了几百两黄金。

这人心想，既然金银不请自来，定然乐于被自己花费，所以娶妻纳妾，建造房舍，购买田地，挥金如土，家里奴仆众多，宾朋满座，出门则是高马华车，声势煊赫，自此富甲乡里，尽人皆知。他的儿子更败家，有时候将金子锤成金箔，用十几个大旗子卷上，等待起了大风，让仆人扬起旗子，金箔随风飘荡，满天金光，灿烂无比。类似这样的事，数不胜数。

有一天，这人出去游玩，看到道路旁边有堆屎，里面有几粒稻谷。他忽然有些不忍心，说：“农民辛苦耕田，好不容易才种出了稻谷，有了它，人们才不会饿死。怎么能丢在这样的污秽之中呢？”他就让奴仆把谷粒捡起来，用水洗干净收好。

回到家，儿子对他说：“爸爸，今天中午的时候，我看到很多穿着青衣服、白衣服、黄衣服的人，成队从屋子里出来，而且对我说：‘你们家驱赶我，我去西村的颜常家里了。’然后陆陆续续离开了咱们家。我查看一番，发现家里的金银财宝也全都不见了。又看到无数的黄色蚊子从仓库里飞出来，遮天蔽日，往西边去了，仓库里面空空如也，一粒稻谷都没剩。”父子俩捶胸顿足，懊恼叹息。

过了几年，或许是因为奢侈惯了，不能勤俭生活，这人将家里田产卖尽，又变成了穷光蛋。

后来，这人做了一个梦，梦见有个妖怪对他说：“我是谷神，感谢你曾经把我从污秽里面救出来，现在我看到你这么穷，实在过意不去，特来帮助你。”

第二天，有无数的黄色蚊子飞到这人家里，全部化成了稻谷。而且蹊跷的是，只要吃完了，稻谷就又会出现。因为谷精的帮助，父子俩才没有饿死。

名

桂男

出处

唐代张读《宣室志·补遗》

唐代，交城县（今山西省交城县）县城南边十几里地，常常夜间有妖怪在人前出现，碰到的人很多被活活吓死了。因为这件事，周围的人很忧虑。

后来，有个人带着弓箭走夜路，碰到这个妖怪，它长得又高又大，穿红衣服，用黑头巾蒙着头，慢慢走来，跌跌撞撞像是喝醉了。

这人十分害怕，就拉满弓，一箭射中那个妖怪，对方就消失了。这人才松了一口气，来到旅舍，把这件事告诉了别人。

第二天，县城城西有人说，那里的一棵丹桂树上，插着一支箭。这人就跑去看，发现果然是昨天晚上自己射妖怪的那支箭。他把箭拔下来，发现箭头上沾了不少血。

这件事情被县令知道了，认为那个妖怪是丹桂树变的，就命人烧了树。自此之后，县城周围就再也没有发生过怪事。

名

楠木大王

出处

明代钱希言《狯园·第十二·楠木神》

清代许缵曾《东还纪程》

《湖广通志》卷一百十九《楠木大王》

楠木，又叫楠树、桢楠，是一种很珍贵的树木，可以长到三十多米高，因为木质坚硬、不容易腐烂，所以经常用来建造宫殿、船只，也是制作棺材的原料。传说，沉到江河里的楠木树因为吸取了日月精华，有时候会成为妖怪。

明代，襄阳（今湖北省襄阳市）的襄河里就有楠木变成的妖怪，经常撞翻船只，所以过往的船工都会祭祀它。相传是当年河中一个大木筏被风吹散，丢了一棵楠木。这楠木泡在水里，日积月累，就成了妖怪。当地人待之如神，还专门建了一座庙供奉它，叫它“南君”。

明代，有个叫卢浚的人，坐着船在江上游览，忽然起了狂风。船工们非常害怕，赶紧跪下来磕头，大声说：“楠木大王！请你不要伤害我们。”卢浚不知怎么回事，就问船工。船工说，楠木大王是这江里的妖怪，惹恼了它，它会把船撞沉。卢浚听了之后，很生气，就写了一封信，投入水中，请求河神制服这个妖怪。也许是河神收到了卢浚的信，三天后，一根巨大的楠木浮出水面，看来就是那个楠木大王的原形了。卢浚让人把木头捞上来，正好当地修建学校缺少木材，就把那根大楠木做成了柱子。

名

樱桃鬼

出处

清代袁枚《子不语》卷六《樱桃鬼》

清代时，熊本和庄令舆两个人在北京当官，他们是邻居，常常在一起喝酒，感情很好。

有一天晚上，两个人又聚在庄令舆家饮酒，正喝着呢，庄令舆被人叫去办事，屋里只剩下了熊本一个人。

熊本倒了杯酒，准备等庄令舆回来，还没喝，杯子里面的酒就不见了。他觉得奇怪，又倒了一杯，看见一只蓝色的大手从桌子下面伸出来取走了酒杯。

熊本站起来，发现桌子底下竟然是个全身上下，从头发、眼睛到脸孔无一不是蓝色的妖怪。熊本大声呼叫，家里的两个仆人跑过来，点亮蜡烛寻找，却发现妖怪不见了。

不久之后，庄令舆回来，听了这件事，笑道："你今天晚上敢睡在这里吗？"熊本年轻气盛，就让仆人取来被子和枕头，放在榻上，自己一个人拿着一把剑坐在黑暗中等待。

这把剑杀人无数，煞气十足。当时，秋风怒号，斜月冷照。半夜，桌子上忽然掉下来一个酒杯，接着又掉了一个。熊本笑道："偷酒的家伙来了。"过了一会儿，一条腿从东边的窗户伸了进来，接着是一只眼睛、一只耳朵、一只手、半个鼻子、半张嘴，另外的一半从西边的窗户进来，就像是一个人被锯成两半那样，都是蓝色的。很快，妖怪的身体合而为一，溜了进来，它双目圆睁，盯着帐子，散发出冰冷的气息，帐子忽然自动开启。熊本瞅准时机，拔剑就砍，砍中对方的胳膊，就如同砍在了烂棉花上一样，一点儿声响都没有。妖怪跳出窗户逃跑，熊本一直追到院子里的樱桃树下，它才消失不见。

第二天，庄令舆前来，看到窗户上有血迹，赶紧问熊本。熊本如实相告。庄令舆觉得那个妖怪肯定是樱桃树变的，就让人砍掉了树，一把火烧了。据说，焚烧的时候，那棵树还散发着酒气。

名

怒特

出处

南北朝任昉《述异记》

晋代干宝《搜神记》卷十八《秦公斗树神》

传说，年岁超过千年的树木，会变成妖怪，外貌长得如同青色的牛，名叫怒特。

春秋时期，武都（今甘肃省东南部）的故道（县名，秦朝时设立，县治故城在今陕西省凤县双石铺乡）旁边有个祠堂，供奉的就是怒特。武都当时是秦国的领地，有一年，秦文公派手下的士兵砍伐祠堂边上的梓树，没想到刚砍了几下，忽然刮起狂风，下起了大雨，那棵树的伤口就自动愈合了，似乎有什么在阻止他们。士兵们只好停下来，撤回营地。

有个士兵脚受伤了，走不了路，就留在树下休息，结果听到有个鬼对梓树说：“你刚才使用了法术，赶走了砍树的士兵，但是有种办法能破解你的法术。”

这个士兵顿时来了精神，屏声静气地听下去。那个鬼接着说：“如果对方派出三百个士兵，全都披头散发，穿着带花纹的衣服，用红线缠绕你，然后再砍，你就没办法了。”那棵树听了，一声不吭，显然被说中了。

这个士兵赶紧跑回营地，将事情告诉了秦文公，大家按照那鬼的办法去做，果然顺利地伐倒了树。树轰隆倒地的时候，有青牛从树里跳出来，钻进了旁边的大河里。这青牛就是怒特。

名

童子寺蒲桃

出处

唐代张读《宣室志》卷五《邓珪》

唐代，晋阳（今山西省太原市）城西边的荒野，有一座童子寺。有个叫邓珪的人寄居在寺中。

这年秋天，邓珪与几位好朋友聚会，大家正谈笑风生，忽然有一只手从窗户伸进来。那手颜色通黄，而且骨瘦嶙峋，大伙见了，都吓得发抖。唯独邓珪不怕，问道：“你是谁？”对方回答说：“我隐居在山谷有不少年头了，今晚四处闲逛，听说诸位先生在这里，特意来拜见，没想到高朋满座，热闹得很。我不想打扰你们，想坐在窗户外面，听你们说说话，就很满足了。这样，行吗？”邓珪听后同意了。

邓珪和朋友们说说笑笑，那东西坐在窗外，有时候也跟大家说几句，就这样过了很长时间，它就告辞了。走之前，它说：“明晚我再来，希望你们不要嫌弃我。”

它走后，邓珪对大伙说：“这家伙一定是个妖怪，得想办法把它抓住，不然后患无穷。”于是，邓珪准备了一根很长的绳子，等候它再来。

第二天晚上，那个妖怪果然来了，又把手从窗户伸进来。邓珪瞅准时机，迅速用绳子牢牢系在它的手臂上。那个妖怪很吃惊，叫道：“我又没做错事，为什么要绑住我？”说完，它用力挣脱，带着绳子跑掉了。

等到了天明，邓珪和朋友们一起顺着绳子追寻妖怪的踪迹，一直找到寺院北边，发现那里长着一棵葡萄树，枝叶特别繁茂，绳子就系在树的枝干上，叶子长得很像人手。“原来是个葡萄树变成的妖怪呀。”邓珪恍然大悟，让人把它连根挖出，烧掉了。从此，再也没有怪异的事情发生。

名

蓬蔓

出处

唐代张读《宣室志》卷五《刘皂》

第〇三八号

唐代，灵石县（今山西省灵石县）县城的南边，夜里经常闹妖怪，所以当地没人敢晚上路过那里。

一次，有个叫刘皂的人辞官回老家，经过灵石县，晚上就到了这个闹妖怪的地方。刘皂看到路旁站着一个怪物，长得十分吓人。不光刘皂吓坏了，连他骑的马也惊叫连连，将他甩了下来。刘皂掉在地上，摔得晕头转向，好不容易爬起来，就见那个怪物晃晃悠悠地走过来，脱下了刘皂穿的青色袍子，披在了它自己的身上。

刘皂以为对方是强盗，不敢和它抢，就丢下衣服逃走了。向西走了十几里路，到了旅舍，刘皂把这件事情告诉了一同住宿的人。住宿的人说："那地方向来闹妖怪，你碰到的可不是什么强盗。"

第二天，有人进城，说碰到了奇怪的事情："城南那边，野地里有个蓬蔓，长得像人形，身上穿着件青色的袍子，太奇怪了！"刘皂听了，赶紧去看，发现正是自己被抢去的袍子。

当地人这才明白，一直闹腾的那个妖怪竟然是蓬蔓精。大家把蓬蔓烧了，以后就再也没出现过蹊跷的事。

名

水木之精

出处

清代袁枚《子不语》卷九《木箍颈》

第〇三九号

清代，东北关外，有个猎户在荒野之中看到一个妖怪，有一米高，戴着头巾，长着白胡子，站在马前双手作揖。猎户问它想干什么，妖怪摇头不说话，然后张开嘴向马吹气，马立刻惊慌失措，连路都没法走了。然后，那个妖怪鼓着嘴，向猎户的脖子吹气，猎户就觉得自己的脖子奇痒难耐，忍不住伸手去抓，结果脖子越来越长，最后变得如同蛇的脖子那样。

有人说，猎户碰到的这个妖怪，就是水木之精。

名

松精

出处

唐代冯贽《云仙杂记》卷四《松精成使者》（引《金陵记》）

清代纪昀《阅微草堂笔记》卷十七《姑妄听之三》

唐代，茅山（位于今江苏省常州市，是中国著名的道教名山）有个当地人看到一个打扮很奇异的人，牵着一只白羊，在路上走。当地人就问他住在什么地方，他说：“我呀，住在伞盖山。”

当地人挺好奇，就悄悄跟着他，发现这人到了一棵古松下消失了。那棵松树的形状果然如同一把伞，树身上长着白色的茯苓。当地人这才明白，那人其实是个松树精，牵的羊就是树上的白茯苓。

关于松树精，还有一个故事。

清代，黑水城（今内蒙古自治区额济纳旗）是塞外的一座大城，里面驻扎着军队。

有个军官叫刘德，带着一个叫李印的手下出城，走在山中，看到一棵老松树长在悬崖边，树上钉着一支箭，不知道是何缘由。

晚上，在驿站住下后，李印跟刘德说了一件事：当年他从这个地方经过时，远远看到一匹马飞驰而来，马是野马，上面坐着的东西，似人非人，长相怪异。李印知道对方是妖怪，就拉开弓，射了一箭。羽箭射中那个妖怪，发出嘭的一声响，跟敲钟一样，那妖怪化为一团黑烟消失了。这次在悬崖边的松树上看到的那支箭，正是之前自己射出的，所以李印认为，当年看到的那个怪物，肯定就是松树精。

名

朽木

出处

宋代李昉等《太平广记》卷第四百一十五《草木十·魏佛陀》(引《五行记》)

第〇四一号

南北朝时期，蔡州（今河南省驻马店市）城里有座空宅，传说是凶宅，里面有妖怪，凡是住进去的人，都会有危险。

有一次，一个叫魏佛陀的军人率领十名兵士进入宅子里，在前面的堂屋住下。日落的时候，屋里出现一个妖怪，长着人的脸、狗的身体，没有尾巴，在屋里跳来跳去。魏佛陀拉开弓，对着那个妖怪射了一箭。妖怪惨叫一声，消失不见了。

第二天，魏佛陀在妖怪消失的地方往下挖掘，结果挖到一块被箭射中的朽烂木头。木头有几十厘米长，下端有凝结的血迹。

从此以后，凶宅就再也没有发生什么诡异的事情了。

名

皂荚树

出处

南北朝刘义庆《幽明录》卷三《皂树鸟》

曲阿（今江苏省丹阳市）有个人叫虞晚，家里的庭院中长着一棵皂荚树，高几十米，枝叶繁茂，投下来的阴翳能遮盖数户人家，有很多鸟栖息在上面。虞晚觉得这棵树长得太大，遮盖了自己的房子，就让家里的奴仆上树砍掉一些树枝，结果奴仆上去不久，便从树上掉下来摔死了。与此同时，空中有人大骂：“虞晚你个混账东西，为什么让人砍我家！”说完，对方扔下来无数的瓦片和石块，如此整整过了两年才消停。

后来，虞晚犯罪被杀，这棵树也枯死了。

器物篇

名

柏枕

出处

南北朝刘义庆《幽明录》卷一《柏枕幻梦》

从前，焦湖（今安徽省巢湖市）有个庙，庙里管理香火的庙祝，有个用柏木做成的枕头。这个枕头已经三十多年了，十分神奇。

有个叫汤林的人，经商时路过焦湖庙，进来祈祷。庙祝问汤林："你结婚了吗？" 汤林说没有。庙祝说："那你靠在枕头上，我让你体验体验人生的乐趣。"

汤林觉得挺好玩，就按照庙祝说的去做。枕头后面有个小洞，汤林恍恍惚惚觉得自己走入洞里，只见朱门琼宫，亭台楼阁，十分富贵。有个姓赵的大官，招汤林做了女婿。汤林和妻子生了六个孩子，四男二女，然后汤林又做了官，平步青云。

枕头里面的世界真是太美好了。不过好景不长，汤林不久之后犯了罪，被赶了出来。这时，汤林才发现在枕头里那么多年，外面不过一瞬间而已。

名

车辐

出处

唐代戴孚《广异记·蒋惟岳》

唐代段成式《酉阳杂俎·续集》卷二《支诺皋中》

在我国古代，马车、牛车是重要的交通工具，车轮一般用木头做成，轮子上连接车轴和外圈的车条，古人称之为车辐。传说，使用了很久的车子，有时候它的车辐会变成妖怪。

唐代，有个人叫蒋惟岳，不怕鬼神。一次，他独自躺在窗下，听到外面有说话的声音，听起来不像是人。蒋惟岳说："外面的家伙，如果你有什么冤屈，可以进来告诉我。如果没事，别打扰我休息！"话音未落，大门啪嗒一声响，从外面进来了七个妖怪。这几个妖怪，本来想爬到床上，见蒋惟岳毫不畏惧，就站在墙下，直勾勾地看着蒋惟岳。

蒋惟岳问它们要干什么，它们一句话不说，惹得蒋惟岳很恼火，拿起枕头打它们。七个妖怪抱头鼠窜，逃到外面的庭院里就不见了。蒋惟岳在它们消失的地方挖掘，挖到了七根破车条，看来就是之前的那七个妖怪。自此之后，蒋惟岳家里再也没有发生过怪事。

也是在唐代，华阴县（今陕西省华阴县）东部，有个小村庄叫七级赵村，村里的道路因为雨水冲刷形成深沟，大家就在上面架了一座桥方便行人来往。

有一天晚上，村里的村长过桥去县里办事，看见一群小孩在桥下聚在火堆旁边做游戏。这群孩子并不是村里的孩子，村长知道它们是妖怪，拉开弓箭射它们，只听见嘭地一声响，就像射中木头发出的声音。

桥下的火顿时熄灭，只听见一个声音尖声尖气地说：“哎呀，射着我阿连的头了！”

村长从县里办完事回来，来到桥下，看到的是六七片破车条，有一片的顶端还钉着他射出去的那支箭。那群做游戏的孩子果真是车条变成的妖怪。

名

匾怪

出处

清代袁枚《子不语》卷二十四《匾怪》

第〇四五号

清代时，杭州有个孙秀才，一个夏天的晚上他在书斋里读书，忽然觉得额头上有东西在蠕动，用手扫了一下，发现有无数白色的胡须从梁上的匾额上垂下来，匾上还有张人脸，有七八个水缸那么大，有鼻子有眼，看着秀才笑。

孙秀才向来胆子很大，就用手去捋那胡须，胡须越捋越短，最后消失不见了，只有那张大脸还在匾上。孙秀才搬来凳子，踩上去凑近看，却发现什么也没有了。可是，从凳子上下来继续看书，那妖怪的胡须又像之前那样垂了下来。连续几天，都是如此。

有一晚，那张大脸忽然下来，到了书桌旁，用胡须遮住了秀才的眼，不让他看书。秀才用砚台砸它，发出梆的一声响，如同敲木鱼一般，然后妖怪就跑了。又过了几天，秀才正要睡觉，那张大脸来到枕头旁边，用胡须挠秀才的身体。秀才用枕头砸它，它就在地上滚，簌簌有声，接着爬到匾上就消失了。

家里人听了这件事，十分生气，赶紧摘了匾烧掉，怪事再也没有发生。过了不久，孙秀才考取了功名。看来，这是个能给人带来好运的妖怪呀。

名

礅怪

出处

清代袁枚《子不语》卷十九《礅怪》

第〇四六号

坐礅是古代中国人家中常见的用具，材质一般是石头或者陶瓷。或许因为沾染了人的气息，年代久远的坐礅有时会变成妖怪。

清代，有个人叫高睿功，他家的院子里闹妖怪，晚上家人行走时，经常能看到一个几米高的白衣人蹑手蹑脚跟在后面，还伸出冰冷的手遮盖人的眼睛。

这个妖怪闹得太厉害，高睿功没有办法，就把院子封闭了，在别的方向重新开了一扇门出入。没想到妖怪变得肆无忌惮，白天竟然也会现身出来捉弄人，家里人都很害怕，纷纷躲避。

有一次，高睿功喝醉了，坐在大厅上，看见妖怪上了阶梯，靠着柱子，拈着胡须，双目微闭，看着天空，好像没有发现高睿功一般。

高睿功偷偷来到它的身后，挥拳就打，结果妖怪不见了，自己的拳头打到柱子上，手指出血。再回头，看见那个妖怪站在了石阶上。高睿功跑过去想继续厮打，哪料想被地下的苔藓滑倒，仰面朝天摔倒在地。妖怪看了哈哈大笑，伸出手要打高睿功，但它的腰没法弯下来，想伸出脚踢高睿功，可腿太长不能抬起来。

趁着这个机会，高睿功站起身，抱住妖怪的腿，用力把它掀翻，妖怪就倒在地上不见了。

高睿功喊来家人，在妖怪消失的地方往下挖，发现了一个白瓷做的旧坐礅，上面还有血，应该是高睿功之前手指上的血染的。把它击碎之后，高睿功的家里就再也没有闹过妖怪了。

名

浮桥船

出处

宋代章炳文《搜神秘览》卷下《浮桥船》

第〇四七号

宋代，澶州（今河南省濮阳县）附近的黄河上，有一座浮桥。浮桥是由七十多艘船连在一起，用一千多条江藤做的缆绳拴着搭建的。中间的一条船经常会发出叫声，当地人都称之为“大将军”，据说已经有很多年了。一天，这艘船突然消失不见了，过了十几天，才从下游逆流而上，跑回来。当地官员打了它二十棍，依然将它拴在原地，自此之后，它变得老老实实，再也不乱跑了。

名

棺板

出处

唐代皇甫枚《三水小牍》卷下《李约遇老父求负》

金代元好问《续夷坚志》卷二《棣州学鬼妇》

唐代，陇西（今甘肃省东南部）有个叫李夷遇的人，在邠州（今陕西省彬县）当官。李夷遇有个仆人叫李约，跟了他很多年了。李约为人淳朴，跑得很快，所以李夷遇常让他进京城送信。

有一年七月，李约从京城回来，十分劳累，当时还是凌晨，天还没亮，他躺在一棵古槐树下，想睡一会儿。就在这时，有一个白发老头弯着腰，拄着拐杖，也来到槐树下歇息，坐下之后还呻吟不止。过了好一会儿，他对李约说："老汉我想到咸阳去，但是腿脚不好，不能长时间走路，你能不能好心背背我？"

李约发现这个老头很奇怪，不像人，觉得是妖怪，所以坚决不答应，但是经不住老头不停地哀求，最后实在没办法，就说："行，你上来吧。"

老头很高兴，跳到了李约的背上。李约偷偷把带在身边的木棒拿了出来，从后边把他扣住，往前走。等到了城门，天空的东方已经放亮了，老头几次要求李约把他放下来，李约对他说："你之前非要骑在我背上，如今又要跑下去，这是为什么呢？"尽管老头苦苦哀求，但是李约死死不放。太阳出来的时候，李约忽然觉得背上变轻了，好像有东西坠落到地上，回头一看，竟然是一块烂棺材板子。

宋代，有个人叫王仲泽，年少时去棣州（今山东省滨州市）求学，住在学校里。学校的厨师告诉他："我们这里有一个女人模样的妖怪，每天晚上来搅扰我们，我们睡觉都睡不安稳。”王仲泽说：“今晚它如果再来，你就抓住它的衣服大声呼喊，我来帮忙。”

晚上，那妖怪果然来了。厨师抓住她不放，王仲泽和一帮学生跑去看，发现是一块年代久远的棺材板。大家烧了它，以后学校里就再也没闹过什么妖怪。

名

行釜

出处

宋代李昉等《太平广记》卷第三百六十五《妖怪七·郑絪》（引《灵怪集》）

第〇四九号

唐代时，郑细和弟弟郑緼都在朝廷里做大官，住在京城。

有一天，快到吃饭时间，郑细家厨房里的大锅忽然像被什么东西举着，高高升起。旁边还有十几个正在煮东西的小平底锅，也开始慢慢晃动。很快，厨房里所有的锅都动了起来，每三个小锅架着一个大锅，排着队，浩浩荡荡地离开厨房往外走。不仅如此，连厨房里之前原本破损折断脚、废弃不用的锅，也都一个个一瘸一拐地跟上去，场面十分滑稽。

这些锅出了厨房，向东走过水渠，水渠旁边有个堤坝。很多锅都能过去，但是那些断脚的锅就被阻挡了下来，叮叮咣咣地乱蹦。

这样的事情引来很多人看热闹。有个小孩说："既然这些锅有本事成为妖怪，为什么断了脚的锅连堤坝都过不去呢？"那些小平底锅听了，就把大锅丢在地上，转过身，退回来，架起那些断脚的锅，一起越过了堤坝。

后来，所有的锅来到了郑緼家的院子里，按照大小排队站好。这时，天空中突然轰隆作响，闪电劈下，所有的锅都变成了土块、煤块。

这件事发生之后不久，郑细和弟弟郑緼都死了。

名

酒榼

出处

宋代李昉等《太平广记》卷第七十二《道术二·叶静能》（引《河东记》）

第〇五〇号

唐代，汝阳王这个人特别喜好喝酒，而且酒量很大，喝一整天也不醉。凡是到王府来的客人，他都会热情地邀请对方喝酒，从早喝到晚。

当时有个道士叫叶静能，常常到王府拜访，汝阳王逼他喝酒，他不喝，说："我有一个门徒，虽说是个侏儒，但酒量极大，可以陪大王你一块儿喝，明天我让他来拜见你。"

第二天早晨，果然有个叫常持蒲的道士前来，汝阳王一看这道士，身高还没到一米，才二尺高。两个人坐下来聊天，常持蒲很有学问，三皇五帝、历代兴亡、天时人事、经史子集，清清楚楚，了如指掌，汝阳王张口结舌不能应对。

常持蒲见王爷接不上话，赶紧更换话题，谈论一些浅显的幽默戏耍的故事，汝阳王就高兴起来了。两个人聊得很开心，汝阳王对常持蒲说："小道士，你能喝酒吗？"常持蒲说："我听大王您的吩咐。"汝阳王就令左右的人搬来酒坛子。喝了一会儿，常持蒲说："大王，用这么小的坛子喝，不带劲，请您让人把酒倒在大缸里，我们自己舀着喝，想喝多少就喝多少，那样才高兴！"汝阳王便按照他所说的那样，命人搬出几石醇厚的美酒，倒进大缸里，用大杯子舀酒喝。

即便汝阳王酒量很好，可这么喝酒，很快就醉醺醺的了，而常持蒲却没事人一样。又喝了很久，常持蒲忽然对汝阳王说："大王，我只能喝这一杯了，否则要醉了。"汝阳王不相信，说："我看你的酒量根本还没有喝足，请你再喝几杯。"常持蒲说："大王，我真的到极限了，请您别勉强我啦。”汝阳王一个劲儿让他喝，常持蒲没办法，只得硬着头皮喝了一杯，然后躺倒在地，变成了一个大酒桶，先前喝的那些酒，还在里面呢，满满的五斗酒。

名

乐桥铜铃

出处

宋代洪迈《夷坚志·夷坚丙志》卷第十《乐桥妖》

器物篇

第〇五一号

宋代时，平江（今江苏省苏州市）乐桥有户人家，家里的女儿已经出嫁了，可是每天晚上都被妖怪所扰。母亲很担心，晚上就和女儿睡在一起，想看看到底是怎么回事。

一天，日暮时分，母亲看见有个妖怪从地底下蹦出来，头上扎着双髻，穿着红色的衣服，发出很大的声音，连续好几个晚上都是这样。

母亲把这件事告诉了女婿，女婿拿来工具在妖怪出现的地方往下挖，挖出了一个用红布带子系着的铜铃。这才想起多年前，官府禁止寻常百姓家里有铜，所以把这铜铃埋在地下。时间长了，家里人都忘记了这回事。

他们把这个铜铃打碎了，家里就再也没有发生奇怪的事情。

名

画马

出处

清代蒲松龄《聊斋志异》卷八《画马》

第〇五二号

清代，山东临清有个姓崔的书生，很贫穷，连家里的院墙破败不堪都没钱修理。每天早晨起来，崔生总能看见一匹马躺在门前的草地上，黑皮毛，白花纹，模样看上去很雄俊，只是尾巴上的毛长短不齐，像被火烧断的一样。崔生把它赶走，它夜里又会出现，没人知道这匹马是从哪里来的。

崔生有一位好朋友在山西做官，崔生想去投奔他，苦于家里离山西太远了，又没有马可以骑着去。思来想去，崔生把经常出现在家门口的这匹马捉来，拴上缰绳，骑着去找好朋友。临行前，崔生嘱咐家人说："如果有找马的，就说我骑着去山西了。"

上路后，崔生发现这匹马真是一匹千里马，跑得很快。晚上，马不怎么吃草料，崔生以为它病了，第二天就拉紧马嚼子，不让它快跑，怕累着它。可是，那匹马却不乐意，扬蹄嘶鸣，如昨日一样生龙活虎，健壮异常，崔生只能让它跑，结果这匹马四蹄如飞，中午时就到了山西。

崔生骑着马到集市上，看到的人都说这匹马实在是太好了。城里的王爷听到消息，想出高价买这匹马。崔生怕丢马的人来找，不敢卖。住了半年，家里也没传过来有人找马的消息，崔生就以八百两银子的价格将马卖给了王爷，自己又从集市上买了一匹健壮的骡子，骑着回家。

后来，有一次王爷派遣手下骑着这匹马到临清来办事，刚到临清，这匹马就跑了。王爷的手下追到崔生的邻居家，进了门，却不见马，便向崔生的邻居索要。崔生的邻居姓曾，对王爷的手下说：“我家里根本就没有马呀。”王爷的手下不相信，走到曾某的房间，看见墙壁上挂着赵孟頫的一幅画，画上的马不管是神态还是毛色，简直和那匹马一模一样，而且画上的马尾巴上的毛也被烧掉一点儿。这下，王爷的手下才明白，那匹马原来是画上的马成精了。

丢了马，王爷的手下害怕回去交不了差，就状告了曾某，让他赔偿。这时，崔生听说了，赶紧找过来。他用当初卖马的钱做生意，现在成了一个富翁，他替曾某赔了王爷一大笔钱。

邻居曾某很感谢崔生，却不知道崔生就是当年卖马的人。

名

泥孩

出处

清代纪昀《阅微草堂笔记》卷五《滦阳消夏录五》

清代袁枚《子不语》卷十《凯明府》

纪晓岚是我国清代著名的文学家、政治家，他特别喜欢记录奇谈怪论，泥孩这个妖怪，他曾经亲眼看到过。

据纪晓岚记载，他两三岁的时候，能看到四五个小孩子，穿着鲜艳的衣服，戴着金镯子，和他玩耍，并且叫他弟弟，对他十分疼爱。可是，纪晓岚长大了之后，就再也没有看到过它们。

后来，纪晓岚把这件事告诉了父亲。父亲沉思良久，有些失落地说：“你的前母生前因为没有孩子，感到特别可惜，曾叫尼姑用彩丝线拴了神庙里的泥孩来，放在卧室里。她给每个泥孩都起了小名，每天都供上水果之类的东西给它们，和养育自己的孩子一样。她去世后，我叫人把这些泥孩都埋在楼后的空院里，肯定是它们作怪。”纪晓岚的父亲担心这些泥孩会闹事，打算把它们挖出来，却因年头长了，已记不起埋在什么地方了。

古代人认为用泥、瓷器等制作的玩偶或者人像，年月久了，会变成妖怪。关于泥孩这种妖怪，清代的文学家袁枚也有记载。

袁枚有个长辈，被称为凯公，是全椒县（今安徽省滁州市全椒县）的县令。凯公擅长诗文，风流倜傥，和袁枚关系很好，但是后来背上长了毒疮，死掉了。据说，当年凯公的母亲怀孕即将生下他时，凯公的祖父在当天晚上看到有个巨人，比屋脊都高，站在院子里。凯公的祖父就大声呵斥它，每呵斥一声，那个巨人就会缩小一些。凯公的祖父拔出剑追逐它，怪物就跑到树下消

失了。凯公的祖父找来火把照了一下，发现那怪物变成了一个泥孩，大概一尺多长，脸又大又扁，右肩微耸，左手缺少一根小指。凯公的祖父觉得很奇怪，就把泥孩拾起来放在了桌子上。后来，凯公出生时，左手缺了小指，而且面貌长得和那个泥孩很像。

出了这件事，全家都很惊慌，就把那个泥孩送到了供奉祖先的庙中，一直虔诚地祭拜它。

凯公死后，家里人把他的灵位送入庙里，看到那个泥孩因为屋檐漏雨，背部被雨水滴穿了三个洞，倒在了供案下。令人感到惊奇的是，凯公死的时候，他的那三个毒疮也在背上烂成了三个洞，而且位置和泥孩身上的洞一模一样。家人十分后悔没有好好照看那个泥孩，他们认为，如果细心照看，泥孩就不会被雨水滴穿三个洞，凯公也就不会死了。

名

漆桶

出处

唐代张读《宣室志·补遗》

第〇五四号

唐代，河东郡（今山西省运城市一带）有一个官吏，常常半夜巡察街道。一天夜里，天清月朗，他来到一座寺庙跟前，看到有个全身黑漆漆的人，俯身低头坐在那里，两手交叉抱住膝盖，一动不动。

官吏害怕，就呵斥了他一声，那人依然不理不睬。呵斥良久，见那人没反应，官吏就上前打了他一下，他这才抬起头。这人的相貌很特别，只有一米多高，肤色苍白，身形瘦削，模样恐怖。官吏吓得栽倒在地，等苏醒后，再爬起来看，这人就不见了。

官吏越想越害怕，跑回去，仔仔细细地把这件事情告诉了身边的人。后来，重建寺庙大门时，人们从地底下挖到一个漆桶，一米多深，桶的顶端用白泥封闭，想来，就是官吏见到的那个怪物了。

名

钱蛇

出处

明代陆粲《庚巳编》卷四《钱蛇》

第〇五五号

明代，酆都（今重庆市丰都县）有个村子，经常有一条大蛇为非作歹，当地人都不知道它从哪里来的。这条蛇身长十来米，经常吃掉人家的鸡鸭，偷人家的食物，但是从不伤人。当地人想把它杀掉，却找不到它的踪迹。

村里面有座寺庙，寺庙里有块空地，有个人把它租了下来，在上面种植林木。一天早晨，这人正在锄草，看见那条巨蛇爬了过来，正要举起锄头去砍，却发现它钻进洞里，结果只砍断了它的尾巴。

砍尾巴的时候，锄头发出当当的响声，就如同砍到了铜铁一般。这人走上前去查看，发现有很多铜钱散落在洞口。那人就怀疑蛇是铜钱所化，于是叫来妻子和弟弟一起用力向下挖掘，挖了好几丈深，看到一个大缸，装满了铜钱，约莫有几十万枚。这人把铜钱挑回家，就成了富翁。

至于那条蛇，从此之后再也没有出现。

名

勺童

出处

唐代段成式《酉阳杂俎·续集》卷一《支诺皋上》

第〇五六号

唐朝，国子监学生周乙在夜间温习功课，看见了一个小男孩，他头发蓬松杂乱，不到一米高，满头发出细碎的像星星一样的光亮。

这个小男孩睁着两只眼睛，随意摆弄周乙的灯和砚台，弄得乱七八糟也不停止。周乙向来有胆量，大声呵斥他，小男孩只是稍微向后退了退，然后又靠到书桌旁边，继续摆弄文具。周乙有些生气，当小孩靠近的时候，突然扑上去一把抓住了他。小孩坐在地上，伸着两只脚，连连求饶，一副可怜巴巴的样子，让周乙放了他。

周乙没答应，等天要亮的时候，他听到好像有什么东西折断的声音。一看，那个小孩变成了一把破木勺，上面还粘了一百多个米粒。

名

书神

出处

清代沈起凤《谐铎》卷十一《书神作祟》

第〇五七号

书神不是神仙，而是因为岁月久远书籍变成的精怪。

清代，南京钞库街有个人，家里世代都是读书人。因为读书不能发财，所以他就改行做了商人。

一天晚上，他独自在店里睡觉，忽然听到床头有叹气的声音，这个人呵斥之后，声音就消失了。一连几天都是这样。

又有一天晚上，有个戴着方巾、穿着红鞋的人，从床后徐徐走出来，愁眉苦脸，一副闷闷不乐的样子。这人就问他是谁，他说："我是书神，自从来到你家，你的祖父、你的父亲都很喜欢我，本来也想和你做好朋友，却想不到你竟然不读书，整日追逐那些蝇头小利。金钱这东西呀，能让你意气不扬，如果不早早脱离开，就会变得铜臭逼人，斯文丧尽，我劝你还是赶紧放弃经商一心读书吧，不然等祸事发生，你就后悔莫及了。"说完，他就消失了。

这人急忙起来，举着蜡烛四处照看，只看到有几卷破书，用钱串捆着放在床头，已经在家里很多年了。这人认为是旧书作祟，就把书烧了。不料，火起之后，四处飞舞，将店房烧毁，家里的东西也几乎焚烧殆尽。这人也因此变成穷光蛋，没过多久就饥寒交迫地死掉了。

名

提灯小童

出处

明代郑仲夔《耳新》卷之七《说鬼》

明代有个姓张的老头，晚上从田野里回家，忽然看到有个小童挑着灯前来，对他说：“我特意来接您老人家！”张老头很疑惑，伸出手扶着小童的胳膊前行，到有人家的地方后，灯笼突然熄灭，小童也不见了。张老头仔细一看，自己手里面抓着的竟然是一把破旧的笤帚。

名

铁鼎子

出处

唐代牛僧孺《玄怪录》卷五《韦协律兄》

第〇五九号

唐代，有个姓韦的书生，他的哥哥很胆大，什么都不怕，听说哪里有凶宅，就一定会去并独自住在那里。

书生把这事说给朋友听，有个朋友想试试他的哥哥，听说有个宅子常有妖怪出现，就把书生的哥哥送到那宅子里去。

大家给他准备了酒肉，天黑后就全都离开了。

书生的哥哥因为喝了酒，身上很热，就袒露着身体睡下了。半夜突然醒来，看到一个小男孩，有几十厘米高，身短腿长，肤色很黑，从池子里爬出，慢慢地走过来。

来到跟前，小男孩绕着床走。过了一会儿，书生的哥哥觉得他爬上了床。书生的哥哥一动不动，觉得有一双小脚爬到了自己的脚上，像铁那样冰，直凉透心。等到小男孩渐渐爬到自己的肚子上时，书生的哥哥猛地伸手，抓住对方，结果发现那小男孩变成了一个古代的铁鼎子，但是由于年代久远已经缺了一脚了。

于是，书生的哥哥用衣带把铁鼎子系在床脚上。第二天早晨，大家一起过来，他将晚上的事情说了一遍。有人用铁杵砸碎了那个铁鼎子，发现里面还有血呢。

名

烟龙

出处

清代袁枚《续子不语》卷八《烟龙》

第〇六〇号

清代，有个老头喜欢抽烟，一只烟袋锅从不离手。这烟袋锅的烟杆是用竹子做的，有一米多长，跟随他已经三十多年了。

有一天，有个道士从门前路过，看到他拿的烟袋锅，说道：“你烟袋锅上的烟杆，吸取了人的精气，因为年头长了，已经成了烟龙，治疗怯症最为有效，以后如果有人找你要，不能轻易就给对方。”

后来，果然有一个商人找上门，说自己的儿子患了怯症。“知道你有老烟杆，希望你能卖给我。”商人说。老头就以七十吊铜钱的价格，截掉半尺烟杆，卖给了商人。

商人回到家，将烟杆放在水里熬，然后将水给儿子喝下，儿子肚子里的瘵虫全部融化成紫水被拉了出来，病也就好了。

有一天，那个道士又从门前过，老头把剩下的烟杆拿给道士看。道士说：“烟龙被伤了尾巴，不过还能活，你再抽十年，就可以用它炼化丹药了。”老头向道士求炼化丹药的方法，道士笑而不言，走掉了。

那个烟杆很多人都见过，光润无比，晚上挂在墙上，所有的毒虫、蚊蚁都不敢靠近它。

名

夜行灯

出处

唐代莫休符《桂林风土记·石氏射樟木灯檠祟》

第〇六一号

唐代有个叫石从武的将军，擅长骑射，武艺高超。这一年，他的家人都生了恶病，每到深夜，就能看见一个怪物从外边进来，身上光亮闪烁。只要这个怪物出现，病人就呻吟得更加厉害，连医生都束手无策。

石从武怀疑家人的病是这个妖怪作祟，所以一天晚上，他拿着弓箭，等那怪物来，拉开弓箭，射了过去。怪物被射中后，全身的光芒如同星斗一样散开。石从武让人拿来灯烛一照，发现原来是家里以前使用的一个樟木灯架。

石从武把这支灯架劈碎烧了，将灰扔到河里，之后没多久，家里人的病都好了。

名

玉孩

出处

清代纪昀《阅微草堂笔记》卷十二《槐西杂志二》

第〇六二号

中华民族是世界上为数不多的喜欢玉器、尊崇玉器的民族，古人认为玉有五种品德，不仅是君子的象征，更具有灵性。所以年岁长远的玉器，就会成为妖怪。

清代，一个村子里，有个男人的哥哥死了，只剩下守寡的嫂子，家里很贫穷。他外出辛辛苦苦工作，将自己的工钱全部交给嫂子，而且对嫂子十分尊敬、孝顺。

有一天晚上，他在家里干活，忽然看到窗户的缝隙里出现一张人脸，跟铜钱差不多大小，双目闪闪发光，往屋里偷看。这个人急忙伸出手，抓住了对方，借着灯光一看，原来是一个美玉做成的小玉孩，高四寸左右，雕刻得很精美，应该入过土，沁色斑斓。

第二天，这个人拿着玉孩到当铺里典当了，得了四千个铜钱。典当铺把玉孩放在盒子里，过几天发现不见了，所以一直担心这个人会来赎。按照典当铺的规矩，如果对方在典当期之内前来赎，而当铺拿不出来东西，就要加倍赔钱。后来，这个人听说这件事，就说："这个玉孩也是我偶然所得，怎么能够以此来要挟典当铺呢？"典当铺老板十分感激他，经常让他来帮忙干活，给他的酬劳也比别人高几倍，而且经常接济他，这个人就过上了温饱的生活。

名

枕精

出处

唐代薛用弱《集异记·补编·刘玄》

第〇六三号

南北朝时，有个叫刘玄的人，晚上看见一个穿着黑裤子的人来取火。这个人，脸上光光的，眼睛、鼻子、嘴巴、耳朵都没有，十分吓人。刘玄很害怕，就去请巫师占卜。巫师说："这是你家长辈的东西，时间久了就变成了妖怪。趁它还没有长出眼睛，你赶紧除掉它。"

刘玄做好了准备，等那个妖怪再来的时候，把它捉住捆绑起来，用刀砍了几下，结果发现妖怪竟变成一只枕头。那是他祖父用过的枕头，已经很有年月了。

名

钟精

出处

唐代张读《宣室志·补遗》
五代王仁裕《玉堂闲话》卷三《吉州渔者》
金代元好问《续夷坚志》卷三《广宁寺钟声》
清代纪昀《阅微草堂笔记》卷十二《槐西杂志二》

钟在古代多用于寺院等宗教场所，除此之外，也做计时之用，故有“晨钟暮鼓”之说。钟多为铜铁所造，故能长久流传，又因其上铸造的各种纹饰、神兽等，古人认为往往会发生蹊跷之事。

唐代，清江郡（今湖北省长阳县一带）有一个老头在郡南田间牧牛，忽然听到有一种怪异的声音从地下发出来，老头和几个牧童都吓得跑开了。回去之后，老头生病发烧，过了十几天，病稍微好些，梦见一位男子，穿着青色短衣，对他说：“把我搬迁到开元观去！”老头惊醒了，但不知这是什么意思。

过了几天，他到野外去，又听到那怪异的声音。他就把这事报告给郡守，郡守生气地说：“这简直就是胡说八道！”让人把老头轰了出去。

这天晚上，老头又梦见那个男子，男子告诉他说：“我寄身地下已经好长时间了，你赶快把我弄出来，不然你就会得病！”

老头特别害怕，到了天明，和他的儿子一起来到郡南，挖那块地。挖了几米深，挖出一口钟，上面长满青色的铜锈，颜色就像梦见的那个男子的衣服颜色。于是老头又去报告郡守，郡守把钟放在了开元观。

有一天早晨，没人敲钟，钟自己响了，声音特别响亮，周围的人听了，都异常惊讶。郡守就把这事上奏给了唐玄宗，唐玄宗特意让宰相李林甫去画下钟的样子，并告示天下。

也是在唐代，吉州（今江西省吉安市）龙兴观有一口巨大的古钟，大钟顶上有一个洞，相传武则天时，钟声震动长安，女皇不高兴，令人凿坏了它，留下了这么一个洞。

一天晚上，大钟突然丢失了，可第二天早晨又回到原处。但是钟上所铸的神兽蒲牢的身上有血迹并挂着焄草。焄草是江南一带的水草，叶子像薤草，一般在长江里，随水深浅而生。

居住在龙兴观前长江边上的人们，有几天夜里都听到江水风浪的巨大响声。到了早上，有一个渔人看见江心有一杆红色旗子从上游漂下来，便划着小船去取红色旗子，看见浪涛汹涌的水中有鳞片闪着金光，打鱼的人急忙棹船回来。这才知道是那口古钟上的神兽蒲牢跑到江里，咬伤了江龙。

到了宋代，有个寺庙叫广宁寺，寺里有口大钟。一天，和尚撞钟，却发现钟不响，反而在城南桥下面传出了钟声。周围的行人听了，都十分害怕，赶紧去告诉和尚。寺里的和尚们带着法器前往桥下做了法事，第二天，寺里的这口大钟才恢复正常。

时间来到清代，某个地方有座废弃的寺庙，传说有怪物，所以没人敢在那里待。有一伙贩羊的商人，为了躲避风雨夜宿寺中，听到呜呜的声响，黑暗中看到一个怪物，身体臃肿浑圆，面目模糊，蹒跚而来，走得很迟缓。这伙贩羊的都是一些毛头小伙子，也不害怕，一起捡起砖块向那怪物砸去，听到当的一声巨响。

看到那怪物没有反击的举动，这帮人胆子更大了，高喊着一起去追赶它，追到了寺门倒塌的墙跟前，妖怪竟屹立不动，走近一看，发现是一口破钟，里面有很多骸骨，应该是先前它吃掉的人留下的。第二天，商人们把事情告诉了当地人，让他们把钟熔化了。自此之后，这座寺院再也没有怪事发生。

名

自行板凳

出处

清代钱泳《履园丛话·丛话十四·祥异·板凳自行》

第〇六五号

清代嘉庆十二年（1807年）冬天，有个叫袁叔野的人离开北京城到位于焦家桥的旧宅子里，刚放下行李，就去厕所方便。厕所里有一条板凳，无缘无故自己动了起来。

袁叔野刚开始没觉得奇怪，方便完了走出厕所，一直来到后园，已经距离厕所很远了，一回头，看见板凳跟着自己一摇一晃地走了过来。

袁叔野的一个老仆人上前呵斥了一声，板凳才恢复如初。

名

鼓女

出处

清代乐钧《耳食录》卷二《红裳女子》

第〇六六号

清代时，湖南常德这地方有个读书人，带着一个仆人从云南回老家。这天黄昏，眼见天快黑了，却找不到旅店，就到一个小村子求人借宿。村里人说："我们这里没有旅店，只有一座古庙，但是那里经常有妖怪杀人，不是住宿的地方。"

读书人也没办法，只能说："我不怕妖怪，能有个地方住，就不错了。"他向村里人要了一张桌子、一盏灯，进了古庙的一个房间，将笔墨纸砚放在桌子上，一边读书，一边静待其变。

过了二更，仆人睡着了，读书人看到一个红衣女子，年纪十八九岁，婀娜而来，顾盼生姿，脸上带笑。读书人猜测它是妖怪，就不搭理它。这红衣女子就对着读书人唱歌，歌声婉转，含情脉脉。

读书人取来笔，蘸着朱砂，在女子的脸上画了一道，女子大惊，失声而走，再也没有出现。

第二天，读书人将事情告诉村里人，大家一起在庙中寻找，发现大殿的角落里有一只破鼓，上面画有朱砂。打破那只鼓，发现里面有很多鲜血，还有人骨。自此之后，寺庙里再也没有怪事发生。

名

雁翎刀鬼

出处

清代钮琇《觚剩续编》卷四《物觚·雁翎刀》

雁翎刀是中国古代的一种兵器，因形似雁翎而得名。

山东文登县（今山东省威海市文登区）靠近大海，康熙二十二年（1683 年）秋天，经常有海怪出现，居民惊慌失措，每到天黑，就关门闭户。这样过了两个月，大家不得不上报官府。

县令有个仆人叫高忠，向来勇猛，而且力大无比，就跟县令说："海怪扰民，消灭它是大人你的职责，也是我这个仆人的分内事，希望你给我一匹良马、一支长矛，我去把它除掉。"县令答应了。高忠骑着马，拿着长矛，一个人来到海边。

晚上，一轮新月照得海滩上的沙子如同雪花一般洁白。等到二更，高忠看见一个一丈多高的蓝脸大鬼，头上长着角，利齿如钩，腿上长着毛，背上长着鳞甲，坐在沙地上，面前放着五只鸡、十瓶酒，一边喝酒一边吃鸡。

高忠骑着马到跟前，举起长矛刺中了那鬼的肉角。鬼十分惊慌，逃到海里。高忠下马，坐在海怪刚才坐的地方，撕着鸡喝着酒，精神凛凛。过了一会儿，海水涌动，那个鬼骑着一头怪兽随波而出，拿着刀和高忠搏斗。双方打了很久，高忠用长矛刺中鬼的肚子，鬼丢下刀，消失了。

高忠捡起那把刀，回去献给县令。刀上刻着“雁翎刀”三个字。县令让人把刀收藏在仓库里。从此之后，那海怪再也没有出现。

怪物篇

名

鲛人

出处

晋代干宝《搜神记》卷十二《南海鲛人》

清代沈起凤《谐铎》卷七《鲛奴》

第〇六八号

据说中国的南海之中，生活着一种名为“鲛人”的妖怪，它们生活在水里面，长得像鱼，善于织布。它们流泪的时候，落下来的泪水会成为珍珠。

清代，有个叫景生的人，喜欢航海。有一天晚上，他发现有个人躺在沙滩上，碧眼蜷须，身体漆黑，如同鬼魅，就问对方的身份。这个人说：“我是鲛人，为水晶宫琼华三公主织造嫁衣，没想到失手弄坏了织布机上面的九龙双脊梭，被流放了。我现在流浪四方，无依无靠，你如果能收留我，你的恩情我定会没齿不忘！”

景生身边正好没有服侍的仆人，就收留了鲛人。这个人什么事情都干不了，平时也不说不笑，景生觉得它可怜，也不忍心使唤它。

有一天，景生去寺院游玩，看到一个老婆婆带着一个漂亮的女孩拜佛。那女孩有倾国倾城之貌，景生一下子就喜欢上了。四下打听，得知女孩姓陶，小名万珠，自幼丧父，与母亲相依为命。

景生觉得对方是贫困之家，就上门提亲，并且允诺会给很多钱。老婆婆看到景生一副土豪模样，十分生气，说：“我女儿名叫万珠，如果想娶她，你就用一万颗珍珠做聘礼吧。”

景生哪里拿得出一万颗珍珠，只得垂头丧气地回来，想着一万颗珍珠，就是自己倾家荡产，也办不到。自此害了单相思，日有所思，夜有所梦，满脑子都是万珠的身影，很快卧床不起。家人找了很多医生，医生都说：“一般的疑难杂症可以医治，相思病可没有治疗的良药呀。”时间长了，景生日渐憔悴，躺在床上，瘦骨嶙峋，奄奄一息，眼见就要活不成了。

一天，鲛人走进房间查看景生的病情。景生将那相思之苦一一道来，鲛人听了，扶床大哭，眼泪落在地上，化为珍珠，在地上跳跃，每一颗都硕大浑圆，发出璀璨光芒。景生看了，大喜过望，一骨碌爬起来：“我的病好了！”

鲛人很惊讶，景生将事情的原委告诉它，并求它再多哭几场，这样一来，就有足够的珍珠去迎娶万珠了。鲛人说：“寻常的哭，只能得到少量的珠子，为了主人你能够娶回意中人，你就稍等一下，让我尽情哭一场吧。”

按照鲛人的交代，景生第二天带着它登楼望海。鲛人一边喝酒，一边跳舞，看着大海，想起以前的生活，想起自己被流放无法回故乡，痛哭流涕，落下的珍珠不计其数。景生得到了足够的珍珠，就带着鲛人回来。

鲛人忽然指着东海笑着说：“你看，天边出现了红色的云霞，升起了十二座海市蜃楼，那一定是琼华三公主出嫁了。这样一来，我的流放期限已满，可以回家了！”说完，鲛人与景生告别，纵身一跃，跳入海中。景生站在岸边，望着海面，十分失落，很久才独自回家。

过了几天，景生带着一万颗珍珠来到老婆婆家，诚恳地提亲。老婆婆笑着说：“看来你对我的女儿是真心的，其实我并不是不愿意把女儿嫁给你，只是想试探你一下。我又不是要卖女儿，要那么多珍珠干吗？”老婆婆把珍珠退给了景生，并把女儿许配给了他。

景生和万珠过上了幸福的生活，不久生下一个儿子，取名“梦鲛”，以此来纪念那个成全他们姻缘的鲛人。

名

毛人

出处

晋代陶潜《续搜神记》卷七《周子文失魂》《毛人》

第〇六九号

晋代，晋陵（今江苏省常州市）这个地方有个人叫周子文，年轻时喜欢打猎，经常出入深山。

有一天，他在山涧中看到有个人，身高一二十米，身上长满了白如雪霜一般的毛，手里拿着弓箭，大声叫道："阿鼠！"周子文的小名就叫阿鼠，听到之后，他不由得应了一声："哎！"那妖怪立刻拉满弓，向周子文射了一箭。周子文回到家后，觉得失魂落魄，病了很长时间。

也是晋代，宣城（今安徽省宣城市）有个人叫秦精，经常到武昌山里采茶。有一天，秦精遇到一个妖怪，身高三四米，浑身长满了长毛，从山北那边过来。秦精见了，很害怕，觉得自己肯定要死掉了。没想到毛人拉着秦精的胳膊，带着他来到山中一大片鲜美的茶树跟前，就走掉了。秦精忙着采茶，毛人很快又回来了，从怀里掏出二十几个橘子交给秦精，那橘子十分甘甜。秦精采完茶，满载而归。

名

耳翅兄

出处

宋代李昉等《太平广记》卷第三百六十二《妖怪四·梁仲朋》(引《乾𦠆子》)

第〇七〇号

唐代，叶县（今河南省平顶山市叶县）有一个叫梁仲朋的人，家住汝州（今河南省汝州市）西郭的街南。渠西有个小村庄，他常常早晨去那里，晚上才回来。

有一年八月十五，夜空澄澈。梁仲朋离开村子，骑马走了十五六里路，路过一个大家族的墓地。墓地周围栽种的全是白杨树，此时已经是秋天，落叶纷纷。二更天，经过树林时，梁仲朋听到林子里发出怪声，忽然有一个东西飞了出来。梁仲朋起初以为是惊起来的栖鸟，不一会儿，那东西飞到梁仲朋怀中，坐到了马背上的鞍桥上。

月光之下，这怪物就像能装五斗米的箩筐那么大，毛是黑色的，头像人，身上有浓重的膻味，眼睛鼓起像个圆球，对他说："老弟，你不要害怕。"

妖怪并没有伤害他，一直跟着梁仲朋走到汝州城门外，见到有人家没歇息，还亮着灯，被灯光一照，它就忽然向东南飞去了。

梁仲朋到家好多天，也不敢向家里人讲这件事。有一天夜里，月光很好，夜空澄澈，梁仲朋和家人在院子里喝酒，喝得兴起，就讲了那个妖怪。没想到，那妖怪忽然从屋顶上飞下来，对梁仲朋说："老弟，你说我什么事啊？"一家老少吓得一哄而散，只有梁仲朋留了下来。

妖怪说："今天高兴，我就来做个东吧。"嘴上这么说，可也没看到它拿出什么酒菜，反而不停地要酒喝。

梁仲朋仔细地看了看它，见它脖子下面有个瘤，像瓜那么大，飞起来的时候，两个耳朵就是两个翅膀。它的鼻子大如鹅蛋，长满了黑毛。

妖怪喝了很多酒，醉倒在桌子上。梁仲朋悄悄起来，拿了一把刀，狠狠砍向怪物的脖子，顿时血流满地。妖怪起来，说：“老弟，你会后悔的！”说完，就飞走了。

从那以后，梁家就开始死人，三年内，家里三十口人全都死光了。

名

人狼

出处

唐代张读《宣室志》卷八

清代袁枚《子不语》卷六《老妪变狼》

第〇七一号

唐代，太原有个叫王含的人，是个很勇猛的将军。王含的母亲金氏本是胡人的女儿，擅长骑马射箭，很是出名，经常骑着骏马，带着弓箭、佩刀，进入深山猎取熊鹿狐兔，每每收获颇丰，所以大家都因为忌惮她的武勇而尊敬她。

金氏七十多岁的时候，说自己老了，而且生了病，就单独居住在一间房子里，不许任何人接近，天一黑就关门睡觉。

有一天，关门之后，家人听到她的房间里发出奇怪的声响，看到一头狼从屋里跑了出去，天没亮，这头狼又回来了，走进了房间，关上了门。家里人十分恐慌，就告诉了王含。当天晚上，王含偷偷查看，果然如同家里人所说，他心里很不安。

天亮后，金氏把王含叫到跟前，吩咐王含去买麋鹿。王含买来麋鹿，把鹿肉做熟了，端给金氏吃。金氏生气地说："我要的是生的！"王含没办法，拿来生鹿肉，金氏接过来，津津有味地吃完了。

王含发现母亲越来越不对劲，害怕起来，家里人也都惴惴不安，偷偷议论这件事情。时间长了，金氏也知道大家都在议论，变得十分不好意思。一天晚上，金氏变成先前的那头狼，离开家出去了，不过，从此之后，再也没有回来。

清代，崖州有个姓孙的农民，母亲已经七十多岁了，忽然开始长毛，从两只胳膊上一直延伸到腹部和背部，最后到了手掌，长出来的毛有好几厘米长。母亲的身体也逐渐变得佝偻，屁股上还长出了尾巴。有一天，母亲倒在地上变成了一头白狼，跑出门去。

家里人无可奈何，只能听之任之。此后，每隔一个月或者半个月，白狼就会回来看看子孙，照常吃喝。

这事情被邻居知道了，想拿着刀箭把她杀了。儿媳妇知道后，买了猪蹄，等婆婆再来，将猪蹄给她吃，并且叮嘱说：“婆婆吃了这个之后，就别再来了。我们都知道婆婆你思念我们，对我们没有恶意，可是邻居并不知道这些，如果把你杀了，或者伤到了，我们心里会很难过。”

听了这些话，白狼发出了悲伤的嚎哭声，环视家里良久，离开了。从此之后，它再也没有回来过。

名

人鱼

出处

战国《山海经》卷三《北山经》
汉代司马迁《史记》卷六《秦始皇本纪第六》
唐代郑常《洽闻记》
清代袁枚《子不语》卷二十四《美人鱼》
三国吴沈莹《临海水土异物志·人鱼》

第〇七二号

人鱼，是中国古代著名的妖怪之一。《山海经》里记载，龙侯之山的决水里面就有人鱼，它长着四条腿，声音如同婴儿，吃了它，就不会变成痴呆。《史记》里记载，秦始皇的陵墓里用人鱼膏来点灯。

东海里也有人鱼，传说大的长一米多，样子像人。眉毛、眼睛、口、鼻子、手、脚和头都像美丽的女人，皮肉白得像玉石，身上没有鳞，长着几厘米长的细毛，毛有五种颜色，又轻又柔软，头发像马尾巴一样长。

清代，有人在崇明岛抓住过一条人鱼，它长得像个美丽的女子，身体和海船一样大。船工问它："你迷路了吗？"人鱼点头，船工就放了它。

名

影

出处

唐代段成式《酉阳杂俎·前集》卷十一《广知》

清代乐钧《耳食录》卷一《邓无影》

第〇七三号

据说，人有九个影子，而且每个影子都有自己的名字。唐代，有个人会一种奇异的法术：在某人的本命日，五更天时，挑起灯笼去照那人的影子，根据影子的状态就能够判断那人的吉凶。

清代，有个叫邓乙的人，三十岁了，一个人生活，每到晚上，就觉得十分孤独。一天，邓乙对着自己的影子说道："我和你相处也有几十年了，你就不能陪我说说话吗？"没料想，影子突然从墙上跳了下来，说道："好嘞！"邓乙吓得够呛，影子笑着说："你看看！你让我陪你说话，我答应了，你怎么还如此慢待我？"邓乙心里稍稍安定，就说："你有什么办法让我快乐呢？"影子说："你说你想干什么呢？"邓乙说："我一直都是一个人，想找个少年好友，夜里谈谈心，行不行？"影子说："这有什么难的！"随后，影子变成了一个少年，风流倜傥。

从此之后，邓乙想要什么，影子就变成什么，只有邓乙能看到它，别人都看不见。时间长了，大家发现，邓乙的影子和邓乙一点儿都不像，问他，他才把这件事告诉别人，所有人都认为闹了妖怪。

几年之后，影子忽然提出要离开。邓乙问它去哪里，影子说去一个万里之遥的地方。邓乙哭着把影子送出门外，影子凌风而起，很快就不见了。

从此之后，邓乙成了一个没有影子的人，别人都叫他"邓无影"。

名

酒虫

出处

清代蒲松龄《聊斋志异》卷五《酒虫》

第〇七四号

清代，在山东长山（今山东省滨州市邹平县长山镇）这个地方，有个姓刘的人，身体肥胖，特别喜欢喝酒，每次独饮，总要把一大坛子的酒全部喝完。好在他家里很有钱，喝这么多酒，也能负担得起。

一天，一个西域来的僧人见到刘某，说他身上有一种怪病。刘某说："别开玩笑了，我根本没有病。"僧人问他："你饮酒是不是从来没有喝醉过？"刘某说："是的。"僧人说："这是因为你肚里有酒虫。"刘某非常惊讶，便求他医治。僧人说："很容易。"刘某问："需要用什么药？"僧人说："不需要什么药，你只要按照我的吩咐去办，就可以了。"

僧人用绳子将刘某手脚绑住，放在太阳底下，脸朝下趴着，然后在他的面前，放了一盆好酒。

过了一会儿，刘某感到又热又渴，鼻子闻到酒的香味，馋得很，非常想喝酒，可因为被绑上了，喝不到，因此十分痛苦。忽然刘某觉得咽喉中发痒，哇地一下吐出一个东西，直落到酒盆里。僧人解开刘某的绳子，让他去看。刘某来到盆旁边蹲下，看见里面有个妖怪，是一条红肉，十几厘米长，像游鱼一样蠕动着，嘴眼俱全。刘某惊骇地向僧人致谢，拿银子报答他，僧人不收，只是请求要这个酒虫。刘某问他："这玩意儿能有什么用？"僧人回答："它是酒之精，如果盆里盛上水，把虫子放进去搅拌，就成了好酒。"刘某让僧人试验，果然是这样。

发生这件事后，刘某非常讨厌喝酒，身体渐渐地瘦下去，家境也日渐贫困，最后竟连饭都吃不上了。

名

山都

出处

晋代干宝《搜神记》卷十二《庐江山都》
南北朝任昉《述异记》卷上

第〇七五号

山都是一种生活在山里的妖怪。

在庐陵（郡名，东汉时治所西昌县，在今江西省泰和县城西北）的大山之中，有人看到过山都。这种妖怪长得和人很像，赤身裸体，似乎很怕人，见到人就逃走了。它们有男有女，身高可达一二十米，生活在大山的幽暗深处，如同魑魅鬼怪。

在南康（今江西省赣州市）的山中，也能看到山都，这里的山都身高不足一米，全身漆黑，红眼，头发又黄又长，披在身上。它们在深山的树上筑巢，巢的形状和鸟蛋差不多，有一米高，里头很有光泽，五色鲜明，两个巢摞在一起，中间连着。当地人说，上面那个是雄性山都住，下面那个是雌性山都住。巢旁开一个圆形的出口，整个巢非常轻，很像个木桶，里面用鸟的毛做褥子。赣县西北十五里有个古塘，叫余公塘，上面有一棵二十围的大梓树，这棵树中心空了，山都在里面筑了巢。

南北朝时，袁道训、袁道虚兄弟二人把山都筑巢的树砍倒了，并且把它们的巢拿回了家。山都很快出现在二人面前，生气地说："我在荒山野岭里住着，碍你们什么事了？能用的树山里到处都有，可这棵树有我的巢，你们却偏偏给砍了。为了报复你们的胡作非为，我要烧掉你们的房子！"这天二更时分，弟兄两家的里外屋都着起了大火，烧得片瓦无存。

名

貘

出处

清代王士祯《居易录谈》卷十六

清代袁枚《子不语》卷六《貘》

第〇七六号

貘是中国古代传说中的一种怪兽，据说生在铜坑之中，以铜和铁为食物，用它的屎可以锻造出削铁如泥的兵器，它的尿可以溶解金属。

清代，北京附近的房山出现过貘兽，它喜欢吃铜铁，但是不伤人。它看到老百姓家里犁、锄头、刀斧之类的东西，就馋得流口水，吃起来就像吃豆腐一般，后来，连城门上包裹的铁皮都被它吃光了。

古人认为貘是辟邪之物。唐代的大诗人白居易，曾经专门写过一首赞扬貘的诗，其中有这么两句：“寝其皮，辟湿；图其形，辟邪。”意思是说，如果用貘的皮做褥子，可以祛除湿气；家里挂上它的画像，妖怪邪气就不会进家门。

名

巴蛇

出处

战国《山海经》卷十《海内南经》

唐代裴铏《传奇·蒋武》

第〇七七号

巴蛇是传说中的一种巨蛇，能吞下大象，吞吃后三年才吐出大象的骨头，有才能品德的人吃了巴蛇的肉，就不患心痛或肚子痛之类的病。一种说法认为巴蛇的颜色是青色、黄色、红色、黑色混合间杂的，另一种说法认为巴蛇长着黑色的身子、青色的脑袋。

唐代，有个叫蒋武的人，长得魁梧雄壮，胆大勇猛，独自一人住在山里，靠打猎为生。蒋武擅长弓术，经常拿着弓箭游荡，遇到狗熊、老虎、豹子之类的猛兽，一箭射去，无不应声而倒，而且每箭都会射中猛兽的心脏，可谓百步穿杨，精绝无比。

有一天，蒋武忽然听到急促的敲门声，隔着窗户往外看去，只见一只猩猩骑在一头白象身上。蒋武知道猩猩聪明能说话，就质问它："你和大象敲我的门干什么？"猩猩说："大象有难，知道我能说话，所以托我来求你件事。"蒋武就让它们说明来意。猩猩说："这座山南面两百里的地方有个大山洞，住着一条几十米长的巴蛇，双目放光，如同闪电一般，牙齿又长又锋利，大象经过的时候，都会被它吞下，它已经吞了一百多头大象了。大象们都没有办法，知道你善于射箭，恳求你带着有毒的箭射死它。若是如此，我们一定报答你的恩情。"

猩猩说完，大象跪倒在地，泪如雨下。

猩猩说："你要是愿意去，请拿着弓箭到大象背上来吧，我们带你去。"

蒋武被猩猩的话打动，于是带着毒箭，上了大象的背，由它们带路，来到大山洞跟前，果然看见巴蛇的一双眼睛光芒四射。蒋武拉弓射中了巴蛇的眼睛，大象驮着他就跑。

过了一会儿，山洞中发出打雷一般的叫声，巴蛇窜出来，把方圆几里的树木都碾压倒了，然后痛苦死去。巴蛇死后，蒋武来到洞穴，看见里面大象的骨头和牙齿堆积如山。

有十头大象用长鼻子卷起象牙，献给蒋武。蒋武带着象牙回家，将象牙卖了，从此就变成了大富豪。

名

落头民

出处

晋代干宝《搜神记》卷十二《落头民》

晋代张华《博物志》卷三《异虫》

唐代段成式《酉阳杂俎·前集》卷四《境异》

第〇七八号

落头民出自我国的南方，秦朝的时候有人见过，他们的脑袋能够离开身体飞走。因为这种人的部落有一种祭祀，名为“虫落”，所以他们被称为“落头民”。

三国时，东吴的将军朱桓有一个女婢，每天晚上睡着之后，脑袋就会飞走，有时候从墙下的狗洞里飞出去，有时候从天窗飞出去，脑袋用两个耳朵当翅膀，等天亮了才回来。知道这件事的人都觉得很奇怪。

有天晚上，朱桓挑着灯笼来到女婢的房间，发现她身体虽然在，但头不见了，摸一摸，身体微微冰冷，还喘着气。朱桓用被子将身体裹了起来。天快亮时，女婢的头飞回来了，因为隔着被子，脑袋无法回到身体，两三次掉在地上，似乎很是着急，不仅如此，身体也剧烈喘息，好像快要死的样子。朱桓扯开被子，脑袋才复原，回到脖子上，过了一会儿，女婢安然无恙，好像什么事情都没有发生。

这件事让朱桓觉得很不可思议，没多久就把这个女婢送走了。

据说，在南方打仗的将领经常会抓到落头民，有的人恶作剧，把落头民的身体盖在巨大的铜盘之下，飞回来的脑袋因为长时间回不到脖子上，就会死掉。

五岭以南的溪洞中，常常有头能飞的人，所以有“飞头獠子”的名称。据说这种人脑袋飞出去的前一天，脖子上会出现一条红色的印记，妻子见了，往往夜里就会格外小心看护。到了晚上，这个人的脑袋离身而去，飞到溪流的岸边，在湿泥里寻找螃蟹、蚯蚓之类的东西吃，天亮前飞回来。夜里发生的事情，他会觉得如同做梦一般，但是摸一摸肚子，里面可是装了不少东西，很饱呢。

名

人面疮

出处

明代谢肇淛《五杂俎》卷十一《物部三》

第〇七九号

从前，有个商人的左胳膊上长了一个疮，但他并不痛苦。这疮长着人脸，也有五官，很有趣。商人有时候戏弄它，滴酒在它嘴里，它喝醉了，脸就会变得通红；给它东西吃，它也能津津有味地吃下。如果吃多了，胳膊上的筋肉就会鼓胀，就跟它的胃一样，如果不喂，手臂就会瘪下去。医生让商人喂它吃草木金石各种药，都没事，唯独给它贝母吃，它就皱着眉头不肯张嘴。商人大喜，说：“这味药肯定能制服它！”于是，强行给它灌下去，很快人面疮就结痂脱落了。

有的书记载，人面疮是晁错的冤魂所化，当年晁错提出让汉景帝削藩，引起了七国诸侯举兵反叛，喊出“请诛晁错，以清君侧”的口号，汉景帝没办法，将晁错腰斩了。

名

城隍主

出处

唐代戴孚《广异记·韦秀庄》

宋代李昉等《太平广记》卷第三百三《神十三·宣州司户》（引《纪闻》）

唐代，滑州（今河南省安阳市滑县）刺史韦秀庄有次到城楼上看黄河，忽然看见楼中有一个人，不到一米高，身穿紫衣，头戴红帽，向他参拜。韦秀庄知道他不是凡人，就问他是什么来头。对方回答说是城隍主。韦秀庄又问他来此有什么事，城隍主说："为了使黄河的河道畅通，河神打算摧毁这座城池。我坚决拒绝了。五天后，我与他将在河岸大战一场。我担心打不过河神，特来向你求援。如果你能支援我两千名弓箭手，到时候帮助我，我就一定能打胜。"

韦秀庄答应他的要求后，这人就消失了。过了五天，韦秀庄率领着两千名精壮的士兵登上城楼，看见河面上变得一团漆黑，然后冒出一股十多丈高的白气，同时城楼上冒出一股青气，和河上的白气缠绕在一起。这时韦秀庄命令弓箭手向白气发箭，白气渐渐变小，最后终于消失，只剩下青气。青气升腾而上，化入云端，又飘到望河楼里。

起初，黄河的水流已逼近城下，后来才逐渐退回去，一直退到离城五六里的地方，看来，是城隍主打败了河神，保护了城里的老百姓。

也是在唐代，江南一带的人都怕鬼，所以每个州县都供奉有城隍主，乞求保佑。开元末年，宣州（今安徽省宣城市）司户死了，死后被城隍主召去。城隍主住在一个富丽堂皇的宫殿里，门外有很多侍卫，守卫十分森严。

见到司户后，城隍主问他一生做了些什么，司户说自己没做什么坏事，不该死。城隍主说：“你说得对，那就放你回去吧。不过，你认识我吗？”司户说：“我是凡人，怎能认识你呢？”城隍主说：“我叫桓彝，最近就要晋升为宣城内史，主管全郡了。”这些都是司户活过来以后说的。

名

短狐

出处

晋代干宝《搜神记》卷十二《江中蜮》

晋代郭璞《玄中记》

晋代陈延之《小品方》第十卷《治射公毒诸方》

晋代张华《博物志》卷三《异虫》

第〇八一号

东汉光武帝中元年间，在永昌郡（今中国云南省西部，缅甸克钦邦东部、掸邦东部一带）的江中，出现了妖怪。这种妖怪名为“蜮”，也有人叫它“短狐”，能够含着沙子利用气息射击行人，凡是被它射中的，身体立刻会出现不适的症状，轻则头疼发烧，严重的会死去。

据说这种东西长十厘米左右，宽三厘米左右，颜色漆黑，背部长着甲片，它的嘴上长着东西，向前凸起，如同长着角。有时候，它也会射人的影子，距离人三十步远，都能射中，凡是被射中的人，十有六七会死去。

短狐这种妖怪，一般没人能看见它，不过鹅能吃了它。被它射中的人，将鸡肠草捣碎涂抹伤口，几天就会痊愈。

名

海和尚

出处

清代袁枚《子不语》卷十八《海和尚》

第〇八二号

有个姓潘的人，是捕鱼的高手，有一天和同伴一起在海边撒下网，往回拽的时候，觉得网里面似乎比平常要沉重许多。大家齐心协力往上拉，等到渔网露出水面，发现里头并没有鱼，而是有六七个小人交叉盘坐在里面。

这六七个小人全身是毛，如同猕猴，脑门上没有头发，对着潘某等人双手合十跪拜，说的话也听不懂。潘某就把它们放了。小人出了网，在海面上行走了十几步就消失了。

当地人说："那东西叫海和尚，如果做成腊肉吃了，可以一年不饿。"

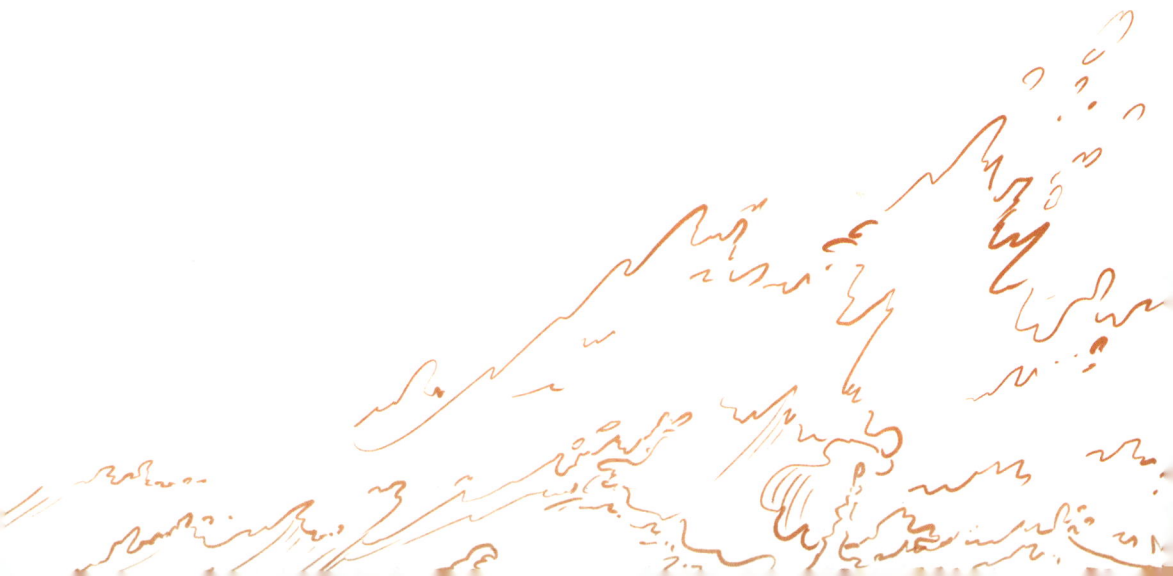

名

海鳅

出处

唐代刘恂《岭表录异》卷下

明代顾玠《海槎馀录》

清代朱翊清《埋忧集》卷二《海鳅》

传说海鳅是海上最大的动物，小的也有二三百米那么长。海鳅吞舟的说法，并不是荒谬的事。每年，从广州常常开出铜船到安南（今越南）去开展贸易，路途遥远，千里迢迢。一次，有个北方人要求去走一趟，往来一年，头发便斑白了。据这个北方人说，一天，船路过调黎这片海域时，前方海面上看见十多座山，有时露出来，有时沉没下去。船工说："这不是山，是海鳅的脊背。"北方人果然看见海鳅的双眼在闪烁。过了一会儿，大晴天里忽然下起了小雨，船工说："这是海鳅喷气，水珠散在空中，顺风吹来像雨罢了。"等到靠近海鳅时，人们敲着船大声乱叫，海鳅就沉了下去。

等此人做完生意返回时，不再乘船，而是取道雷州（今雷州半岛）走陆路，就是为了躲避海鳅。他心想：假如海鳅张开巨口，我的船岂不就像落入井中的一片树叶，绝无生还可能。

梧川一带有山川交叉于海面，上下五百里，横截海面，非常深。每年二月，海鳅就会来这里繁衍。刚开始的时候，有云层翻滚而来，遮盖住山，当地人看到云层，就知道海鳅来了。等到天晴的时候，就会有生下来的小海鳅浮出水面，它们身体赤红，眼睛还没张开。当地人就会开船用长矛猎取小海鳅，长矛后端绑着绳子，等矛头扎入小海鳅的身体，当地人就会划船回来，在岸上拉绳子将小海鳅拖上岸。小海鳅此时眼睛看不见，也对疼痛不敏感，便会随海浪来到岸边，等退潮后就搁浅在沙滩上。小海鳅也非常大，全家人割肉，也能吃很长时间。

清代乾隆年间，乍浦（今浙江省嘉兴市）一带，海潮汹涌翻滚而来，海水淹没了很多房舍、人和牲畜。潮退之后，有条海鳅搁浅在滩涂上，身长几十米，当地人争相去割它的肉，海鳅觉得疼，跃起翻身，压死了数百人。

名

海人

出处

五代徐铉《稽神录》卷四《姚氏》

第〇八四号

从前，有个姚某人，带着徒弟到海里捕鱼，当时天色已经很晚了，也没有捕到什么鱼。姚某正在唉声叹气，忽然发现网里面有个人，黑色，全身长满长毛，拱手而立，问他也不说话。周围的人说："这东西叫海人，看到了必然会招来灾祸，赶紧杀了吧！"姚某说："杀了更不祥。"

姚某放了海人，对他祈祷说："请你让我明天捕到很多的鱼，拜托了！"海人在水上走了十几步，就消失了。

第二天，姚某果然捕了很多鱼。

名

黑眚

出处

清代袁枚《续子不语》卷八《黑眚畏盐》

第〇八五号

清代，诸城（今山东省诸城市）有个叫丁宪荣的人，他家在城外的殷家村有很多田地，那地方有很多古坟。

传说那些古坟里面有一种妖怪，长着人脸，没有形体，只有一团黑气，有好几米高，晚上出来，白天就不见了。当它出来的时候，距离很远就能听到它的长啸之声，如同霹雳，让人心惊胆战。妖怪的长啸声，只有看到它的人才能听到，其他人是听不到的。等它长啸完了，会用黑气害人，黑气闻起来十分腥臭，吸一口就会晕倒。当地人都很惧怕它，太阳一落山就没人敢从那地方走。

一次，有个贩卖食盐的商贩因为喝多了酒，醉得很厉害，忘记了妖怪经常现身的地方，结果碰到它。当时月华朗照，已经是二更天。妖怪突然出现，挡住道路，大声尖叫。盐贩用木扁担砸它，它一点儿都没有受伤。盐贩十分害怕，不知道怎么办才好，慌乱之下，抓起盐朝它撒去，那怪物十分害怕，退缩钻入了地下。

盐贩就把筐里所有的盐都撒在了它消失的地方。第二天早上去看，发现地上的盐全都变成了红色，腥臭难闻，旁边还有很多血。从此之后，那怪物就再也没有出现。

名

红柳娃

出处

清代傅恒等《钦定皇舆西域图志》卷四十七

清代纪昀《阅微草堂笔记》卷三《滦阳消夏录三》

第〇八六号

在新疆乌鲁木齐附近的深山之中，经常会有牧马人看到一种奇怪的东西。这种妖怪如同小人，身高只有几十厘米，有男有女，有老有少。

它们在林中嬉戏，遇到红柳开花的时候，就会折下柳条编织成柳圈戴在头上，唱歌跳舞，它们舞姿翩翩，歌声婉转。

有时，它们会偷偷溜进牧马人的帐篷偷吃食物，被抓住了，就会双膝跪地哭泣。如果捕获它们，它们就会不吃东西直到活活饿死。放了它们，它们刚开始不敢马上跑掉，而是一边走一边往后看，如果此时大声呵斥它们，它们就会重新跪倒哭泣。直到走出很远的距离，估计人们追赶不上，它们才会一溜烟儿跃入高山深林之中。

没人知道它们的巢穴在什么地方，也没人知道它们的名字。因为它们长得像小娃娃，而且喜欢戴红柳，所以牧马人称之为“红柳娃”。这种妖怪，不是草木之精，也不是山里的野兽，大概属于传说中的矮人之类的吧。

名

饥虫

出处

宋代洪迈《夷坚志·夷坚丁志》卷第六《高氏饥虫》

第〇八七号

宋代，有个人叫陈朴，他母亲高氏已经六十多岁了，得了一种名为“饥疾”的怪病。每当病发作的时候，就如同有虫子在咬心脏，必须赶紧吃东西才行。高氏得这种病已经三四年了。

高氏平时养了只猫，她很喜欢这只猫，一直将它放在身边，猫如果饿了，就取来鱼肉和饭喂它。一年夏天夜晚，高氏坐着乘凉，猫又叫起来，高氏就拿来鹿脯一边嚼一边喂猫，忽然觉得有东西爬到了喉头，她赶紧把手指伸进嘴里，勾住那东西，取出来，丢在地上。

那东西只有拇指大小，头又尖又扁，有点儿像塌沙鱼，身体如同虾，壳长一二十厘米。高氏用刀子剖开，那东西的肚肠和鱼差不多，肚子里还有八个幼崽，蠕动着跟小泥鳅一样。家里的人都不知道这东西是什么，应该是闻到了鹿脯的香味，才会从高氏的身体里跑出来的。

这东西弄出来之后，高氏的病就好了。

名

叫蛇

出处

清代王士禛《池北偶谈》卷二十二《叫蛇》

清代青城子《志异续编》卷三

第〇八八号

叫蛇又称人首蛇，广东西部常有，能够呼喊人的名字，如果答应它，人就会死掉。叫蛇害怕蜈蚣，所以荒山野岭中旅店的主人都会养蜈蚣，客人来投宿，就会把蜈蚣放在盒子里，交给客人，让他们放在枕头旁边，叮嘱他们如果半夜听到外面有人呼喊自己的名字，一定不能答应，只需要打开盒子，蜈蚣就会飞出去，吃掉叫蛇的脑子，然后返回木盒中。

名

金牛/银牛

出处

晋代罗含《湘中记》

宋代李昉等《太平广记》卷第四百三十四《金牛》(引《十道记》)

唐代段成式《酉阳杂俎·前集》卷十六《广动植之一·毛篇》

长沙西南有个地方叫金牛冈，汉武帝的时候，有一个模样像种田人的老头牵着一头红色的牛，对渔人说："麻烦你把我送到江对岸去。"渔人说："我的船小，哪能装得下你的牛？"老头说："放心吧，能装得下。"于是，渔人就让老头和牛都上了船。到了江中央，牛在船上拉屎，老头对渔人说："牛屎就送给你吧。"把老头和牛送到对岸后，渔人很生气，就用船桨泼水，想把牛屎冲进水里，忽然发现牛屎里头竟然是金子，十分惊讶，赶紧收起来，抬头再看那老头和牛，已经走入山中，了无踪影。

增城县（今广州市增城区）东北二十里的地方，有个大水潭，深不见底。水潭北面有块石头，周长近十米。周围打鱼的人，有时能看到一头金牛从水里出来，在石头旁边卧倒休息。东晋义熙年间，周围的老百姓经常能在潭水里见到纯金的链子，但是下水却找不到。曾经有个渔人看见一头金牛从水里出来，身上拖着长长的金链子，在石头上歇息，他用刀砍掉了一段金链，成了暴发户。还有个人叫周灵甫，看到金牛在石头上歇息，一旁有条金链子，像绳索一般。周灵甫一向勇猛，就上去牵金牛，金牛挣脱逃掉了，周灵甫捡到了一段几米长的金链，从此也变成了富豪。

太原县（今山西省晋源县）北面有座银牛山，汉代建武三十一年（公元55年），有个人骑着一头白牛从田里经过，农民很生气，就呵斥他不应该骑牛踩踏庄稼。这人说："我是北海使者，要去看天子封禅。"说完，骑着牛上了山。农民后来上山找这个人，只看到那头牛的蹄印，而留下来的牛屎全都变成了银子。第二年，皇帝果然来到这里封禅。

名

镜目

出处

晋代干宝《搜神记》卷十七《顿丘魅物》

第〇九一号

三国魏文帝曹丕在位的时候，河南顿丘县（今河南省濮阳市清丰县西南）有个人骑马夜行，看见大路当中有个像兔子般大的怪物，两只眼像镜子一样灼灼放光，蹦跳着挡在马前，那人被吓得掉下马来。怪物见了，就上去扑咬那人，双方纠缠了好久，那人才脱身，赶紧翻身上马逃命。

往前走了几里地，遇见一个行人，那人就向他说了刚才的事，两个人谈得很融洽。行人说："我一个人走路，庆幸能够碰上你为伴，真是高兴。你的马跑得快，你就在前面吧，我跟在后面。"于是两个人就一路向前走。

过了一会儿，行人对这个顿丘人说："刚才你遇见什么东西，长什么样子？"顿丘人说："那怪物身子像兔子，眼睛像镜子，形貌非常丑恶。"

行人就说："你回头看看我，是不是长这个样子？"

顿丘人回头一看，那个行人和之前看到的怪物一模一样，而且怪物一下跳到顿丘人的马上，顿丘人从马上跌落，吓得昏死过去。后来马独自回到家里，家人奇怪，立刻出去找人，在路边发现了他。又过了一夜，顿丘人才醒转过来，将自己的遭遇讲了一遍。

名

木龙

出处

清代许奉恩《里乘》卷九《木龙》
清代郁永河《海上纪略》

第〇九二号

凡是海船，船上一定会有条大蛇，名为木龙。从船被造好那天起，这东西就有了。平时看不见，也不知道它躲在什么地方。如果木龙离开了，这艘船一定会沉没。

名

潜牛

出处

唐代段成式《酉阳杂俎·续集》卷八《支动》

唐代康骈《剧谈录》卷上《洛中大水》

清代屈大均《广东新语》卷二十一《兽语·牛》

第〇九三号

唐代时，勾漏县（今广西省北流市）的大江里有潜牛，这种妖怪长得如同水牛，经常上岸和农民养的水牛争斗，双角变软了就会回到水里，等牛角重新变得坚硬，就再次出来和牛打架。

唐代咸通四年（公元 863 年）的秋天，洛阳发大水，淹没田舍无数。大水过后，香山寺的一个和尚说："发大水那天，黄昏的时候，我看到大水从龙门川而来，翻江倒海，波浪之中，传出大鼓一般的声响，像雷霆一样，有两头大黑牛摇头摆尾，很快洪水就冲进城里了。我们当时爬到高处，觉得城里人恐怕都要化为鱼虾了，然后看到定鼎、长夏两个城门下，有两头青牛跑出来，冲上去和黑牛打架，赶走了黑牛，洪水就退去了。"

清代，西江里，出现了潜牛，牛身鱼尾，常常上岸和牛打架。斗了一番，潜牛的牛角就会变软，这时候，它就会钻入水中，很快双角再次坚硬起来，出水接着和牛抵斗。当地放牛的人为这事，还编了牧歌，歌中有这么两句："毋饮江流，恐遇潜牛。"意思就是说："不要去江里喝水，容易碰到潜牛。"

名

人同

出处

清代袁枚《子不语》卷六《人同》

第〇九四号

清代，在漠北蒙古喀尔喀河附近，有一种怪兽长得似猴非猴，名为“人同”，当地人称之为“噶里”。这种怪兽常常窥视居民的蒙古包，向人讨要食物，有的还讨要小刀、烟具一类的东西。如果被人呵斥，它们就丢下这些东西跑掉。

有一位将军曾经养过一只人同，使唤它干活，居然干得很好。过了一年，将军任期满了，要回去，这只人同站在将军的马前，泪如雨下，跟了十几里，也不愿意离开。将军说：“人也罢，兽也罢，都有自己的故乡，你不能跟我回去，就如同我不能跟着你住在这个地方一样。天下没有不散的筵席，送君千里，终须一别，咱们就在这里分别吧。”

人同听了，悲伤地叫喊，离开了，即便走得远了，还频频回头看。

名

襱襶

出处

清代和邦额《夜谭随录》卷三《襱襶》

第〇九五号

清代时，有个人在沈阳当官。传闻官衙之中闹妖怪，之前已经吓死了很多人。

这人听说之后，格外留意，一天晚上，果然看到有个东西，通体乌黑，没头没脸，也没有手脚，只有两只雪白的眼睛，嘴又尖又长，如同鸟嘴。这妖怪刚开始看了还觉得让人害怕，但是每天晚上都出现，时间长了，这人和它也就熟悉了，成了朋友，招之即来。这东西混沌如烟雾一样，软绵绵的仿佛棉絮，如果用手按它的脑袋，它就会往下溜，按到地上，它就彻底消失，等放开了，又恢复如常。这人很惊奇，给它取名“褦襶”。

一天晚上，天寒地冻，这人想喝酒，但周围的人都睡了，没人去买。正好褦襶在旁边，这人就戏弄它说：“你能为我买酒去吗？”妖怪发出呦呦的声音，似乎答应了。这人把一些铜钱和一个酒瓶放在它的脑袋上，褦襶就晃晃悠悠地去了。过了一会儿，褦襶回来了，脑袋上的铜钱没有了，只有酒瓶，取来打开，里面装满了好酒。这人很高兴，自此之后，很多事都交给褦襶去办。

随后，凡是它去买东西的人家，都相互传开了，说家里发生了怪事——东西丢了，可凭空多了钱。这人知道是褦襶干的，秘而不宣。就这么过了很多年。后来，这人接到了去福建上任的命令，只能收拾行装。褦襶依依不舍，这人也很难过。

离开沈阳来到福建后，这人思念褦襶，整日闷闷不乐。过了一年多，褦襶突然出现了，这人大喜，才把缘由说了，家里人也知道这些事情，觉得没什么，和褦襶相处得很好，等习惯了，看到褦襶那么听话，大家都很喜欢它。不光家里人，这人的亲戚朋友中，也有不少人看到过褦襶。

又过了一年多，褦襶突然不见了。不管所有人怎么思念它，它最终都没有出现。

名

牛癀

出处

清代蒲松龄《聊斋志异》卷七《牛癀》

第〇九六号

清代，蒙山（位于今山东省临沂市）有个人叫陈华封，盛暑的一天，因为天气炎热，他来到野外的一棵大树下躺下乘凉。忽然有一个头上戴着围领的人，匆匆忙忙地跑到树荫下，搬起一块石头坐下，挥动着扇子扇个不停，脸上汗流如汁。

陈华封坐起来，笑着说："如果你把围领解下来，不用扇也会凉快些。"来客说："脱下容易，再戴上就难了。"二人便攀谈起来。客人言辞含蓄文雅，说："这时如能喝到冰浸的好酒，那可真是太好了！"陈华封笑着说："这个很容易，我家就在附近，你跟我回去，我招待你。"客人很高兴，笑着跟他走了。

到了家，陈华封从石洞中拿出藏酒，酒凉得镇牙，客人高兴极了，一口气喝了十杯。这时天快黑了，忽然下起雨来，陈华封便在屋里点上灯。客人也解下围领，二人开怀痛饮。说话间，陈华封看见客人的脑后不时漏出光，心中疑惑。

不多会儿，客人酩酊大醉，倒在床上。陈华封移过灯来偷偷一看，见客人耳朵后边有一个洞，有酒杯大小，里面好几道厚膜间隔着，像窗棂一样，棂外有软皮垂盖，中间好像空空的。陈华封害怕极了，暗暗从头上拔下簪子，拨开厚膜查看。里面有一个东西，形状像小牛，冲破窗户飞走了。陈华封更加害怕，刚想转身走，客人已经醒了，吃惊地说："你偷看我的隐秘了，把牛癀放了出去，这可怎么办？"陈华封忙问怎么回事，客人说："既然已经这样，也不瞒着你了，实话告诉你：我是六畜的瘟神。刚才你放跑的是牛癀，这个妖怪能让牛染上瘟疫，你放跑了它，恐怕方圆百里内的牛都要死绝了。”陈华封以养牛为生，听了非常害怕，向客人恳求解救的办法。客人说：“只有苦参散最有效了，你要广传这个方子，不存私念就可以了。”说完，拜谢了陈华封，又捧了一把土堆在墙壁的龛中，说：“每次用一合便有效。”客人拱拱手就不见了。

过了不久，周围果然有很多牛病了，瘟疫蔓延开来。陈华封有点自私，不想用客人给的药方给别人的牛治病，只传给他弟弟。弟弟按方子一试，很灵验，但陈华封自己照方子给自家的牛吃药，却一点儿效果也没有。他有四十头牛，都快死光了，只剩下四五头老母牛，也奄奄一息。他心中懊恼，无法可施，忽然想起龛中的那捧土，心想也未必有效，姑且试试吧。过了一夜，牛便都好起来了。他这才醒悟，药之所以不灵，原来是因为自己有私心。几年以后，母牛繁育，生下了很多小牛，陈华封的牛群又渐渐恢复到原来的规模。

名

山魈

出处

唐代戴孚《广异记·斑子》《刘荐》

清代袁枚《子不语》卷六《缚山魈》

清代钱泳《履园丛话·丛话十六·精怪·老段》

山魈是岭南的一种怪物，只有一只脚，脚后跟长在脚前，手和脚上只有三根指头。雌性的山魈喜欢涂抹脂粉。它们在大树洞里筑巢，用木头制成屏风、幔帐之类的东西。

岭南人在山里走路，大多都随身带些黄脂、铅粉还有钱什么的，用来对付山魈。雄性的山魈被称作“山公”，遇上它，它一定向你要金钱。雌性的叫“山姑”，遇上它，它肯定向你要脂粉，给它脂粉的人可以得到它的庇护。

唐代天宝年间，有个在岭南山中行路的北方人，夜里怕虎，想要到树上睡，忽然遇上了雌性山魈。这个人平常总揣些可以送人的小东西，于是就下树跪拜，称它为山姑。山姑在树上远远地问：“你有什么货物？”这个人就把脂粉送给它。它特别高兴，对这个人说：“你就放心地睡吧，什么也不用担心！”这个人就安然地睡在树下。半夜的时候，有两只老虎走过来。山魈下树，用手抚摸着虎头说：“斑子，我的客人在这里，你们应该马上离开！”两只老虎就走了。第二天，它向客人道别，很是客气。

山魈每年都和人联合起来种田，人只出田和种子，剩下在耕地里种植、忙碌的全都是山魈，谷物成熟的时候，它们来喊人平分。它们的性情耿直，和人分粮食，从来不多拿。人也不敢多拿，传说多拿了会招来灾祸、疫病。

唐代天宝年末，有个叫刘荐的人，走在山中，忽然遇上山魈，喊它是“妖鬼”。山魈生气地说：“我没招惹你，你竟然喊我是妖鬼，这不是骂我吗？”于是它跳到树枝上，喊：“班（斑）子！”过了一会儿，来了一只老虎。山魈让老虎捉刘荐。刘荐特别害怕，打马就跑，但还是被老虎捉住了，被摁在脚下。山魈笑着说：“你还骂我不？”刘荐就不停地跪拜，求它饶命。山魈慢慢地说：“可以走啦！”老虎这才把刘荐放开。刘荐吓得要死，回去病了很久才好。

清代，湖州有个叫孙叶飞的人，在云南教书，非常喜欢喝酒，酒量也大。有一年中秋，孙叶飞招呼学生们喝酒，当时月光明亮，忽然听到外面传来如同大石头崩裂的那种声响，正为之惊愕时，忽然看到门外站着一个怪物，头戴红色帽子，黑瘦如猴，脖子下长着绿色的长毛，只有一只脚，蹦蹦跳跳地进来。

看到大家在喝酒，怪物放声大笑，笑声如同竹子裂开时发出的响声。旁边的人都说那是山魈，不敢靠近。山魈闯入厨房，厨子喝醉了酒正躺在床上，山魈掀开帐子看到厨子，又大笑不止。众人大声高喊，厨子惊醒，看到山魈，赶紧举起木棍打它，山魈也做出搏斗的样子。厨子向来很勇猛，抱着山魈的腰在地上厮打，大家各自找来刀棍帮忙，用刀子砍山魈，却根本伤害不了它。打了很长时间，山魈抵挡不过，身体逐渐缩小，变成了一个肉团。大家把肉团绑在柱子上，本来打算天亮了扔进江里，可半夜那东西就不见了，只在地上留下了一顶红帽子。那顶红帽子是书院一个姓朱的学生的，先前丢失了，看来是被山魈偷去了。

也是在清代，婺源有个叫齐梅麓的人，和同学一起在古寺读书。一天晚上，他听到窗户外面有声响，过了一会儿，声响传入屋子，越来越喧闹聒噪，不知道是什么东西。庆幸的是，卧室房门紧闭，那东西没进来。天亮后，卧室外面的书籍、文房四宝、字画、桌椅、器具全被弄得乱七八糟，寺里的僧人说：“这肯定是山魈干的坏事！”

苏州有个叫张渌卿的人，跟父亲到福建，听说某个县衙后头有怪物，没人敢靠近。张渌卿胆子很大，晚上爬到梁上偷看。三更时分，果然有几个长得似人非人、似兽非兽的怪物出现，往来于庭院之间。这群怪物中间有个大家伙，长七八尺，无头无尾。张渌卿暗道：“这肯定是山魈。”第二天，张渌卿将五六串鞭炮用药线连起来，和三四斤火药放在一起，布置在山魈出没的地方，然后爬到梁上等待。等晚上山魈出现时，张渌卿点燃引线，鞭炮齐鸣，火药爆炸，怪物吓得在火中跳跃大叫，纷纷逃去，从此再也不敢来了。

名

小人

出处

清代宣鼎《夜雨秋灯录续集》卷二《树孔中小人》

第〇九八号

清代，澳门地区有个人叫仇端，经常跟着海船去各国贸易。有一次，遇到飓风，大船搁浅在一座岛上。仇端到岛上散步，发现上面有很多枯树，树上有很多孔洞，里面住着小人。

这些小人只有二十多厘米高，有男有女，有老有少，皮肤的颜色如同栗子皮，身上带着小小的腰刀、弓箭。看到仇端，齐声呐喊，说的话完全让人听不懂。

仇端肚子疼，解开裤子蹲在地上大解，然后端着烟锅抽烟。忽然听到人声嘈杂，那声音，就如同秋天池塘里有一群小野鸭那样啾啾叫着，成群结队过来。仇端转过头，发现枯树的最高处，有个黑石垒砌的小城，只有膝盖那么高，城门大开，从里面走出来一千多个小人，还有一个如同将军的小人举着旗子，大声呼喊，从各个树洞里，走出很多小人来，听从号令。中间有个年轻的小人，面目端正，头上戴着插着野鸡翎毛的紫金冠，穿着银锁甲，骑着一个拳头大的小鸡崽，指挥得井井有条，嘴里面嘀嘀咕咕，也不知道说什么，然后听见那些小人齐声高喊："咿唎！"就浩浩荡荡举着兵器朝仇端杀过来。

仇端刚开始有点儿害怕，知道这帮小人是来驱赶自己，但看到他们太小了，觉得应该不会发生什么危险，就继续蹲着拉屎。那个将军就指挥小人开始攻击仇端。小刀、小箭射入身体很疼。仇端觉得对方很讨厌，就举起烟袋锅，敲死了那个将军。小人一哄而散，抬起将军的尸体回到城中，关起城门，其他的都窜进了树洞里。

仇端回到船里，半夜听到小人们又来了，对着他扔泥沙，一直闹到鸡叫了才消停下来。仇端觉得如果能抓一些回去，别人会觉得很稀奇。于是，他第二天借口去砍柴，拿着斧头和一个布袋子来到之前的地方，劈开一棵树，见里面有一伙小人，还在呼呼大睡没有醒来呢。仇端将他们一个一个拾起来，装进袋子里，看情况，这些小人应该是一家人，被仇端全抓住了。回到船上，仇端好生喂养他们，给他们食物，他们也吃，尤其喜欢吃松子和水果。仇端还想再去抓一些，看见岸上无数小人聚集在一起，嘴里大声谩骂，放箭如雨。船上的其他人都埋怨仇端，于是解开缆绳，离开了。

过了一个多月，仇端回来，拿着小人向当地的知名人物请教，那些人都觉得这些小人应该是传说中的僬侥国人。仇端问洋人，洋人说："这东西如果腌起来做成腊味，味道十分鲜美。这种小人，往往一个人的时候，是不敢独自出去的，怕被海鸥叼去了。"

仇端听了这些人的话，很高兴，在集市上支起帷幕，将小人放在盒子里，盒子周围镶嵌上透明的水晶，让人来观看，赚了不少钱。当时，有个当官的很喜欢这些小人，告诉了盐商，盐商花巨资买下，用紫檀木雕刻成房屋，前后三进院子，两旁还有游廊，屋里面放上几案、窗幔与衣箱、梳妆用品等器物，做完后，连同小人一起献给了当官的。

小人们住在里面，刚开始还有些不习惯，等过了一两年，熟悉环境了，经常跑出来玩，很是可爱。

名

消面虫

出处

唐代张读《宣室志》卷一

第〇九九号

唐代，吴郡（今浙江省苏州市）这个地方，有个叫陆颙的人，自幼喜欢吃面条，奇怪的是，越吃越瘦。后来一个胡人带着美酒美食，特意前来拜访，对陆颙说：“我之所以来你家，并不是偶然，而是想带给你一场大富贵。这件事对你没有什么害处，但对我来说，却是件大好事。”陆颙很奇怪，说：“那我洗耳恭听。”胡人说：“你是不是特别喜欢吃面？”陆颙说是。胡人笑道：“你之所以那么喜欢吃面，其实是因为你肚子里有一个虫子。我给你一粒药，你吃了，就会吐出虫子来，到时候，我愿意以高价买这只虫子，行不行？”陆颙说：“如果真的是这样，那我答应你。”

于是，胡人拿出一粒紫色的药，让陆颙吃了。吃下去没多久，陆颙果然吐出一只虫子来。这虫子长二寸多，全身青色，长得如同一只青蛙。

胡人告诉陆颙：“这种虫子名叫消面虫，可是天下难得的宝贝。”陆颙问：“你怎么发现它的呢？”胡人回答说：“我从你家里看到了宝气呀。这个虫子是天地中和之气凝结而成，喜欢吃面，因为麦子这种东西秋天种下去，到夏天才成熟，完全接收到了天地四季的精华，所以它才喜欢吃。你可以用面来喂它，这样就能证明我的话千真万确。”

陆颙不信，端出一斗面放在虫子跟前，顷刻之间就被它吃光了。

陆颙问胡人：“这虫子能干什么用呢？”胡人说：“这是天下奇宝，妙不可言。”说完，胡人用盒子装了虫子，又用金匣从外面封上，让陆颙放在卧室里，小心看管，并对陆颙说："我明天还来。"第二天，胡人拉来十辆大车，上面装满了金银珠宝、绫罗绸缎送给陆颙。陆颙从此大富大贵，成了有名的富豪。

过了一年多，胡人又来了，对陆颙说："我带你去海里走一趟吧，找些宝贝。"于是，陆颙和胡人一起到了海上。

这一天，胡人拿出一个银鼎，往里面倒了油膏，在鼎下面生起火，把那消面虫放在了滚烫的油锅里。

一连烧了七天，忽然看到一个穿着青色衣服的小孩从海里面出来，捧着一个大盘子，上面有很多珍珠，献给胡人。胡人很不满意，大骂了孩子一顿。孩子很害怕，捧着盘子沉入水中，过了一会儿，又有一个长得很好看、佩玉戴珠的女孩从海里出来，捧着一个玉盘，里面装着很多珠宝。胡人还是不满意，大骂一通。时候不大，有个戴着瑶碧冠，身披霞衣的仙人捧着一颗珍珠出来献给胡人。那珍珠直径近十厘米，天下罕见。胡人对陆颙说："这才是至宝！"这才让陆颙停止烧火。

得了宝贝之后，胡人从鼎里面取出消面虫，收好了。胡人将那颗珍珠吞下，拉着陆颙走入海中，海水豁然而开，海里的各种生物都远远躲避。二人到了龙宫，里面无数的宝贝，想拿多少就拿多少，胡人这才满意而归。

陆颙之所以能够得到这么多的宝贝，都是消面虫的功劳。

名

鱼火

出处

清代袁枚《子不语》卷二十四《鱼怪》

第一〇〇号

清代，会稽（今浙江省绍兴市）有个叫曹山埜的人，在集市上买了一条大鱼回来，用刀一劈两半，一半做了菜，一半放在橱柜里。到了晚上，厨房忽然发出光，照得整个屋子都亮如白昼。曹山埜走进去查看，发现光是从那半条鱼的鱼鳞上发出来的，照得鱼鳞透亮，闪闪夺目。

曹山埜很害怕，将那半条鱼放在盘中，送入河里。那光散在水里，随波漂动，原先的半条鱼变成一条整鱼，游走了。

曹山埜回来，家里发生了大火，这边浇灭了，那边就重新燃起，最后衣服、床帐、被子都被烧毁，房舍、梁柱却没事。大火一连着了好几个晚上才熄灭。

说来也奇怪，吃鱼的人却安然无恙。

参考文献

战国《山海经》(中华书局，2011)
汉代司马迁《史记》(中华书局，1982)
吴沈莹《临海水土异物志辑校》(农业出版社，1981)
晋代陈延之《小品方新辑》(上海中医药大学出版社，1993)
晋代戴祚《甄异传》(见鲁迅校录《古小说钩沉》，齐鲁书社，1997)
晋代干宝《搜神记》(中华书局，2012)
晋代葛洪《抱朴子》(中华书局，2011)
晋代郭璞《玄中记》(见鲁迅校录《古小说钩沉》，齐鲁书社，1997)
晋代罗含《湘中记》(见陶宗仪《说郛》，中国书店，1986)
晋代陶潜《搜神后记》(上海古籍出版社，2012)
晋代张华《博物志》(上海古籍出版社，2012)
南北朝东阳无疑《齐谐记》(见鲁迅校录《古小说钩沉》，齐鲁书社，1997)
南北朝刘敬叔《异苑》(中华书局，1996)
南北朝刘义庆《幽明录》(文化艺术出版社，1988)
南北朝任昉《述异记》(中华书局，1991)
唐代戴孚《广异记》(中华书局，1992)
唐代段成式《酉阳杂俎》(上海古籍出版社，2012)
唐代冯贽《云仙杂记》(西南师范大学出版社，1990)
唐代皇甫枚《三水小牍》(中华书局，1958)
唐代康骈《剧谈录》(四库全书本)
唐代刘恂《岭表录异》(广陵书社，2003)
唐代柳祥《潇湘录》(中华书局，1985)
唐代莫休符《桂林风土记》(广西师范大学出版社，2014)
唐代牛僧孺《玄怪录》(中华书局，1982)
唐代裴铏《传奇》(上海古籍出版社，2012)
唐代薛用弱《集异记》(中华书局，1980)
唐代张读《宣室志》(上海古籍出版社，2012)
唐代张鷟《朝野佥载》(中华书局，1979)
唐代郑常《洽闻记》(见陶宗仪《说郛》，中国书店，1986)
五代王仁裕《玉堂闲话》(见傅璇琮编《五代史书汇编》，杭州出版社，2004)
五代徐铉《稽神录》(中华书局，1996)

宋代洪迈《夷坚志》（中华书局，2006）
宋代李昉等《太平广记》（中华书局，1961）
宋代章炳文《搜神秘览》（中华书局，1958）
金代元好问《续夷坚志》（中华书局，1986）
明代顾玠《海槎馀录》（中华书局，1991）
明代陆粲《庚巳编》（中华书局，1987）
明代钱希言《狯园》（文物出版社，2014）
明代谢肇淛《五杂俎》（中国书店，2019）
明代郑仲夔《耳新》（中华书局，1985）
清代陈恒庆《谏书稀庵笔记》（小说丛报社印本，1922）
清代和邦额《夜谭随录》（重庆出版社，2005）
清代纪昀《阅微草堂笔记》（中华书局，2014）
清代乐钧《耳食录》（齐鲁书社，2004）
清代梁恭辰《北东园笔录》（中华书局，1985）
清代梁绍壬《两般秋雨庵随笔》（上海古籍出版社，2012）
清代钮琇《觚剩续编》（重庆出版社，1999）
清代蒲松龄《聊斋志异》（中华书局，1962）
清代钱泳《履园丛话》（中华书局，1979）
清代屈大均《广东新语》（中华书局，1997）
清代沈起凤《谐铎》（重庆出版社，2005）
清代王士祯《池北偶谈》（中华书局，1982）
清代王士祯《居易录谈》（齐鲁书社，2007）
清代解鉴《益智录：烟雨楼续聊斋志异》（人民文学出版社，1999）
清代许奉恩《里乘》（齐鲁书社，2004）
清代宣鼎《夜雨秋灯录》（齐鲁书社，2004）
清代俞樾《右台仙馆笔记》（上海古籍出版社，1986）
清代袁枚《子不语》（浙江古籍出版社，2017）
清代袁枚《续子不语》（陕西人民出版社，1998）
清代朱翊清《埋忧集》（重庆出版社，2005）
清代郁永河《海上纪略》（清刻本）
《湖广通志》（四库全书本）